SECRET PLACES TOSKANA

Traumhafte Orte abseits des Trubels

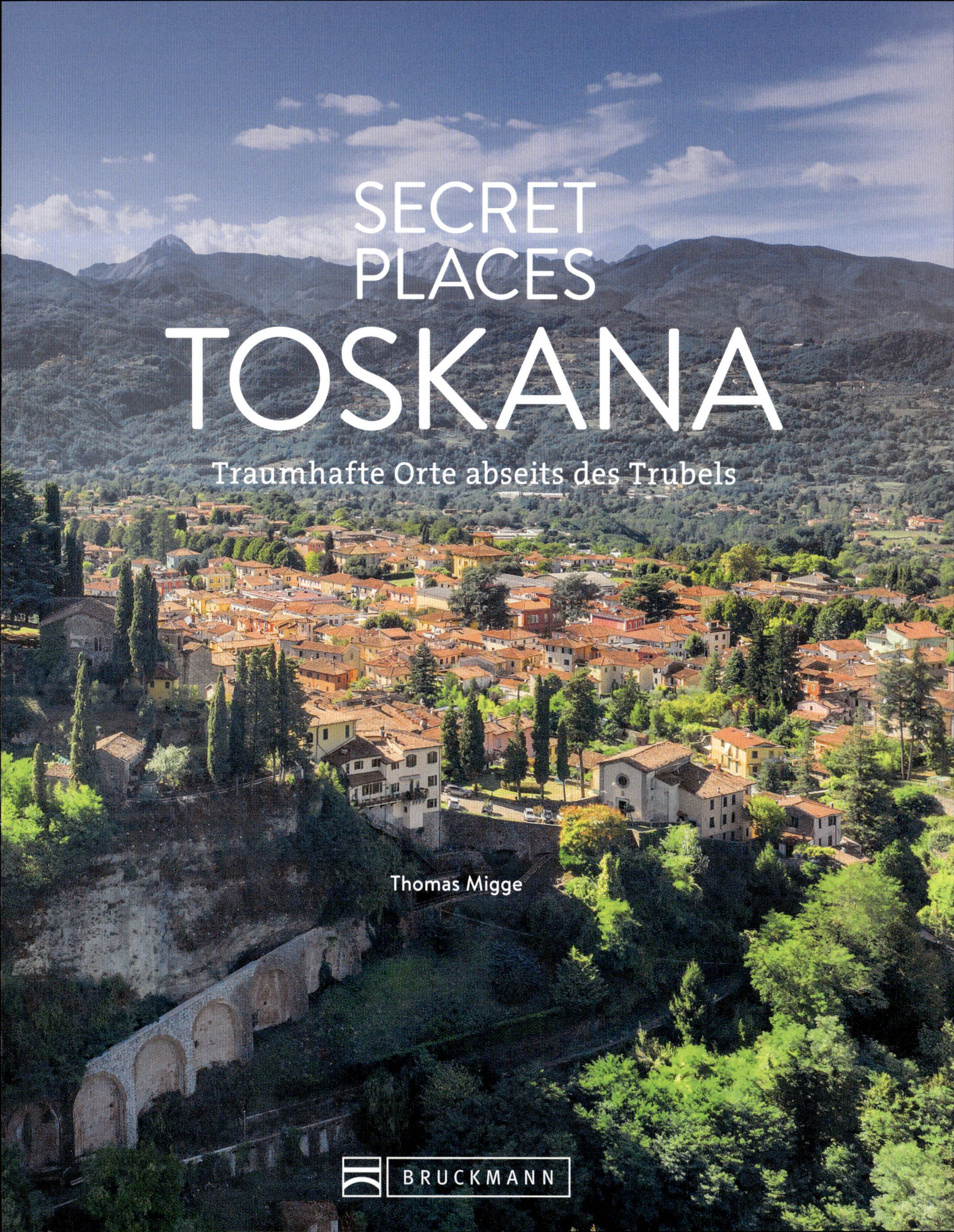

SECRET PLACES TOSKANA

Traumhafte Orte abseits des Trubels

Thomas Migge

BRUCKMANN

INHALT

DER NORDEN 134

↑ Facetten einer abwechslungsreichen Region (von links nach rechts): malerische Szenerie in der Südtoskana bei den Vie Cave, bewehrte Dörfer an der etruskischen Küste und die unterirdische Toskana in der Grotta del Vento. Im Chocolate Valley gibt es nicht nur süße Sünden, sondern auch Gesundes vom Wochenmarkt. Niedliche Marmorengel auf dem Cimitero degli Inglesi in Florenz

EINE REGION VOLLER WUNDER

Sie ist Italiens landschaftlich vermutlich vielfältigste Region: mit waldigen Bergen, azurblauem Meer, feinsten Sandstränden, mit mehreren Inseln, romantischen Tälern und jeder Menge Kunst und Kultur. Kurz: Die Toskana steckt voller Überraschungen.

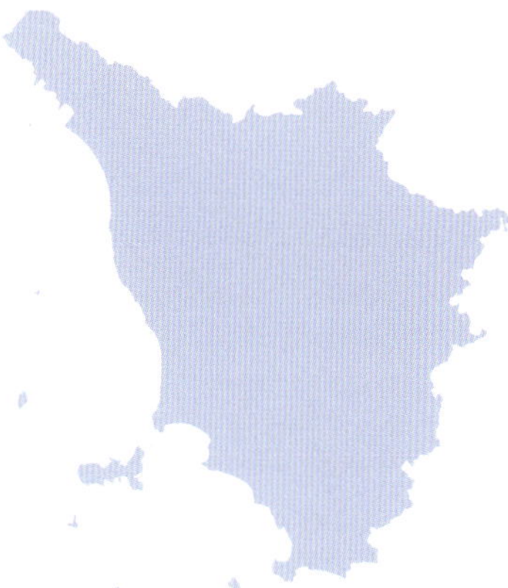

TOSKANA IN ZAHLEN

Fast **23 000 Quadratkilometer** mit rund **3,7 Millionen Einwohnern**, sieben Inseln und Millionen von Rebstöcken, an denen die Trauben für einige der weltberühmtesten Weine wachsen. Die größte Stadt ist Florenz mit zirka **380 000** Bürgerinnen und Bürgern – und vielleicht noch mehr Kunstwerken in Museen und Kirchen. Die mittelitalienische Region Toskana gilt als eine der am reichsten mit Kunstschätzen gesegneten Gegenden Italiens. Kostbarkeiten von den Etruskern bis zur Zeit des Rokoko finden sich selbst in kleinsten Ortschaften – und auch mitten in der Natur. Einige dieser ziemlich unbekannten, aber nicht weniger reizvollen Besichtigungsziele muss man deshalb erwandern.

44 PROZENT

des Territoriums sind mit Wäldern bedeckt. Angesichts einer Bevölkerungsdichte von rund 170 Einwohnern pro Quadratkilometer ist das erstaunlich viel. Die Toskana gilt damit im waldreichen Italien als eine der waldreichsten Gegenden.

3 NATIONALPARKS

sowie drei Regional-, drei Provinzialparks und über 100 andere Naturschutzgebiete gibt es in der Toskana. Fast zehn Prozent der toskanischen Landesfläche sind landschaftlich geschützt. Das ist – vor allem auch wegen der vielen landwirtschaftlichen Anbauflächen, der Strand- und Küstenabschnitte – viel und macht das abwechslungsreiche Gebiet das ganze Jahr über zum Wanderparadies.

PRODUKTE

Die Toskana ist vielen im Ausland vor allem wegen ihrer Luxusmarken ein Begriff. Doch der Handel mit gastronomischen Produkten erreicht ähnliche Umsätze. Er umfasst nicht nur Wein, sondern auch Schinken, Käse, Olivenöl und Wurstwaren, Obst und Gemüse.

48 MILLIONEN

Touristen kamen vor 2020 pro Jahr in die Toskana. Damit war sie eine der am stärksten vom internationalen Tourismus frequentierten Gegenden ganz Europas und in den Sommermonaten heillos überfüllt. Die Pandemie sorgte für Ruhe, doch jetzt kommen die Besucher allmählich wieder zurück.

7 INSELN

Die Toskana ist nicht nur auf dem Festland attraktiv. Ganze sieben Inseln gibt es zu entdecken. Darunter stehen an erster Stelle Elba und Giglio. Vielleicht reizvoller, weil unbekannter und auch als Naturschutzparks geschützt, sind die kleinen Inseln des Toskanischen Archipels wie Giannutri, Pianosa und Montecristo.

7 WELTKULTURERBESTÄTTEN

befinden sich in der Toskana. Angesichts der ungemeinen Fülle an Kunst wirkt das erstaunlich wenig. Aber: Ganze historische Stadtzentren, wie etwa in Florenz und Siena, sind Weltkulturgüter der UNESCO. Hier finden sich zahllose Paläste und Kirchen so voll mit einmaligen Kunstwerken, dass sie anderswo schon für sich ein Weltkulturgut der UNESCO wären.

RUND 2,6 MILLIONEN HEKTOLITER WEIN

im Jahr werden in der Toskana abgefüllt, und so ist sie einer der wichtigsten Weinproduzenten Italiens. Berühmt sind vor allem die Roten aus dem Chianti. Die teuersten Tropfen erreichen Preise von mehr als 1000 Euro – pro Flasche.

15 MILLIARDEN EURO

für Lederschuhe und -taschen, elegante Damenkleidung und Schmuck – die Toskana ist Italiens Rekordhalter in puncto Mode-Unternehmen. Rund **130 000 Menschen** arbeiten in diesem Sektor, der im Jahr durchschnittlich Luxuswaren im Wert von ca. **15 Milliarden Euro** exportiert. International bekannt sind speziell die Brands Gucci und Roberto Cavalli, Emilio Pucci und Ferragamo. In Florenz findet jährlich die Pitti Uomo statt, Italiens wichtigste Modemesse für den gut und modisch gekleideten Mann. Ein Rundgang vor allem durch Florenz ist ein Muss für Modefreaks: Boutiquen über Boutiquen!

Hereinspaziert und alle Sinne geschärft: Die Toskana, hier Montecarlo, weiß zu überraschen.

Calestano
Scandiano
Castelfranco Emilia
Formigine
Lavezzola
S. Alberto
Borgo di Taro
BOLOGNA
Medicina
Vignola
Zola P.
S. Lazzaro di Sav.
Palanzano
Lugo
Lido Adriano
Ravenna
Castelnuovo ne' Monti
Sasso Marconi
Reno
Montone
Pontremoli
A. di Succiso 2017
Collagna
Imola
Ghibullo
Lama Mocogno
Faenza
Cervia
Rioveggio
Santerno
Licciana Nardi
Brisighella
Aulla
Forlì
Gassano
Pievepelogo
Monghidoro
Coniale
Minucciano
Abetone
Porretta Terme
Cesena
Spezia
Sarzana
Castelnuovo di Garfagnana
Firenzuola
Carrara
Barga
S. Marcello Pist.
Marradi
Rocca San Casciano
Lerici
Garfagnana
Vernio
Massa
Serchio
Lima
Marina di Massa
Strazzema
Bagni di Lucca
S. Piero a S.
Borgo San Lorenzo
S. Benedetto in Alpe
Ronchi
Orsigna
Sarsina
Forte dei Marmi
Pietrasanta
Montecatini Terme
Pistoia
Marina di Pietrasanta
Camaiore
Pescia
Prato
Vaglia
Nova-feltria
Viareggio
FLORENZ
Dicomano
M. Falterona 1654
Lucca
Monsummano Terme
Bagno di Romagna
Torre d. Lago Puccini
Stia
Pennabilli
Vinci
Signa
Pontassieve
Badia Prat.
Poppi
Fucecchio
Empoli
Badia Ted.
Pisa
Cascina
Arno
Reggello
Bibbiena
La Verna
Borgo Pace
Pontedera
Impruneta
Pieve S. Stefano
Marina di Pisa
Vallombrosa
Rassina
San Piero a Grado
S. Miniato
Santo Stefano a Macerata
Tirrenia
Ponsacco
Castelfiorentino
Figline Vald.
Sansepolcro
Ligurisches
Elsa
Greve
S. Giovanni Valdarno
Subbiano
Anghiari
Livorno
Sovara
Città di Castello
Certaldo Alto
Montevarchi
Era
Arezzo
Antignano
Poggibonsi
San Gimignano
Castellina in Chianti
I. di Gorgona
Rosignano Maritt.
Volterra
Colle di Val d'Elsa
Castiglion Fiorentino
Rosignano Solvay
Monteriggioni
Pianella
Saline di Volterra
Siena
Niccone
Monte San Savino
Cecina
Marina di Cecina
Bibbona
Rosia
Cortona
Asciano
Larderello
Arbia
Bolgheri
Tuoro sul Tras.
Monteroni d'Arbia
Sinalunga
Lago Trasimeno
Donoratico
S. Lorenzo a Merse
Murlo
Buonconvento
Merse
S. Quirico d'Orcia
Pienza
Montepulciano
I. di Capraia
S. Vincenzo
Campiglia Marittima
Massa Marittima
Ombrone
Chianciano Terme
Chiusi
Montalcino
Venturina
Castiglione d'Orcia
Roccastrada
Città d. Pieve
Nestore
Meer
Populonia
Orcia
Cornia
Castel d. Piano
Paganico
Radicofani
Piombino
Follonica
Gavorrano
Marsciano
M. Amiata 1738
C. Vita
Golfo di Follonica
Piazze
Montepescali
Arcidosso
Ficulle
Portoferraio
Vetulonia
Rio Marina
Bruna
Punta Ala
Castell'Azzara
Isola d'Elba
Porto Azzurro
Castiglione della Pescaia
Grosseto
Semproniano
Orvieto
Marina di Campo
Sorano
Terme di Saturnia
Sovana
Baschi
Marina di Grosseto
Scansano
Maremma
Pitigliano
Bagnoregio
Lago di Bolsena
I. Pianosa
Albegna
Manciano
Tevere
Talamone
Montefiascone
Bomarzo
Albinia
Capalbio
Fiora
Canino
Porto S. Stefano
Viterbo
Arrone
M. Argentario 635
Porto Ercole
Ansedonia
Montalto di Castro
L. di Vico
I. del Giglio
I. di Montecristo
Vetralla
N
0
30 km
Tarquinia
Veiano
A1
A11
A12
A13
A14
A14dir
A15

VORWORT

ECHTE NEUENTDECKUNGEN

In Italien, dem nach Spanien beliebtesten Urlaubsland der Deutschen, gibt es eine Region, die besonders gern angesteuert wird: die Toskana. Von ihr und ihren unermesslichen Kunst- und Naturschätzen können wir einfach nicht genug bekommen.

Gehen Sie in eine Buchhandlung und schauen Sie in der Reiseabteilung unter dem Buchstaben »T« nach Literatur zur Toskana. Wahrscheinlich finden Sie eine stattliche Ansammlung von Guides und Bildbänden aller Art. Zur Kultur, zum Wandern, zum Essen und Trinken und zum Lifestyle. Die Toskana ist in und das zu Recht, denn zweifellos ist diese mittelitalienische Region wunderschön – ganz ohne Übertreibung. Die Toskana bietet für jeden etwas: ganz große Kunst und zauberhafte historische Ortschaften. Viel Natur. Feinste Sandstrände und Inseln, zypressenbestandene Hügellandschaften und Berge mit ausgedehnten Wäldern und Wanderwegen. Das alles millionenfach fotografiert.

Wenn Sie Toskana-Reisebücher durchblättern und genau hinsehen, werden Sie feststellen, dass in fast allen Guides immer die gleichen Ortschaften und anderen Locations auftauchen. Was ja verständlich ist, denn diese Orte sind wirklich fantastisch, und man sollte sie, sofern man noch nicht dort war, unbedingt besichtigen. So weit so gut.

Doch wenn Sie mehr als nur die Uffizien in Florenz, mehr als das zauberhafte historische Zentrum von Lucca, mehr als das Chianti mit seinen tollen Weingütern sehen wollen, dann brauchen Sie Informationen zur weniger bekannten und vor allem weniger frequentierten Toskana. Man könnte das Wort Geheimtipps wählen. Auch wenn es in der Toskana, um ehrlich zu sein, nur noch wenige solcher Tipps gibt, denn verständlicherweise ist diese Region, die jährlich Millionen von Touristen besuchen, ziemlich abgegrast auf der Suche nach dem letzten Besichtigungskick.

Ziele zwischen Himmel und Hölle

Doch es gibt sie noch, die eher geheimen und stillen und noch relativ untouristischen Orte in der Toskana. Und es gibt auch immer noch echte Geheimtipps, die selbst Italienern unbekannt sind. Wie etwa einen Eisenbahnzug von Florenz aus auf den Spuren des italienischen Dichterfürsten Dante Alighieri. Oder den romantischen »englischen« Friedhof mitten in Florenz. Oder das Tal der Chocolatiers bei Pistoia. Oder auch Italiens einziges Museum mit fast komplett erhaltenen antiken Schiffen in Pisa. Und wussten Sie, dass man in der Toskana Europas größtes buddhistisches Heiligtum besichtigen kann? Dass an Elbas Ostküste massenweise Mineralien in der Sonne glitzern? Dass sich in Siena ein Palast der Päpstinnen erhebt und in Murlo wahrscheinlich die letzten Etrusker leben? In der Toskana gibt es ein italienisches Jerusalem, und man kann über Straßen wandern, die von den Etruskern aus dem Felsen geschlagen wurden. Kennen Sie die Fortezza di Verrucole, die wie aus einem Fantasyfilm wirkt? Das Höllental, in dem Gase aus dem Erdreich aufsteigen, oder jenen Ort, an dem eine Schar von Astrophysikern der Materie auf der Spur ist, aus der unser All besteht?

Wollen Sie an wirklich einsamen Orten wandern? Oder in Naturwannen baden, die nur auf einer Wanderung zu erreichen sind und wo man garantiert ganz allein sein kann? Wollen Sie mehr über ausgefallene kulinarische Spezialitäten erfahren und eine traumhaft schöne Halbinsel kennenlernen? Wenn Sie das alles möchten und nun neugierig geworden sind, dann lesen Sie einfach weiter!

← Mit dem Zug durch Täler und Wälder auf den Spuren Dante Alighieris
↑ Wilde Canyons in der direkten Umgebung von Pontremoli im Norden der Toskana
↗ Zum Aperitif bei den vermeintlichen Etruskern in Murlo

Das Kloster La Verna wurde zu einem Teil auf schroffen Felsen errichtet.

DER OSTEN

Selten besuchte Museen und jede Menge Entdeckungen in und um Florenz

1

PRATO – EIN HEILIGER GÜRTEL

STADT MIT VIELEN GESICHTERN

Florenz ist der Touristenmagnet der östlichen Toskana, und so wird Prato nur wenig beachtet. Es sind vor allem Kunstfreunde, die hier Halt machen und sich die historischen Bauwerke und bedeutenden Kunstwerke der 200 000-Einwohner-Stadt anschauen.

Die Geschichte Pratos ähnelt der ihrer großen und berühmten Nachbarin Florenz. Wahrscheinlich von den Etruskern gegründet, entwickelte sich die Kleinstadt bereits ab dem 10. Jahrhundert zu einem bedeutenden Wirtschaftszentrum. Wolle und Wollprodukte standen hier jahrhundertelang im Zentrum des Handels. Einer dieser Wollhändler war Francesco Datini, er starb im frühen 15. Jahrhundert, hinterließ das umfassendste Kaufmannsarchiv des gesamten europäischen Mittelalters. Im 19. Jahrhundert florierte die Stadt erneut. Viele Süditaliener verließen ihre armen Herkunftsregionen und kamen nach Prato, wo man sich zunehmend auf die Verarbeitung ausrangierter Kleidung spezialisiert hatte. Prato wurde damals das »Lumpenzentrum Europas« genannt. Noch heute steht die Stoffherstellung und -wiederverwertung im Zentrum des städtischen Wirtschaftslebens.

Fernöstliches Know-how

In den 1950er-Jahren schwappte erneut eine Einwanderungswelle aus dem *Mezzogiorno,* Italiens Süden, gen Norden. Ab den 1980er-Jahren gesellten sich zahlreiche Migranten aus China dazu. Sie stellen heute rund ein Viertel der Einwohner und dominieren einen Gutteil der Stoff- und Kleiderproduktion. Viele chinesische Einwanderer leben illegal in Prato und arbeiten in Fabriken, unter, so Ermittlungen der Polizei, nicht selten menschenunwürdigen Bedingungen. Davon bekommen Pratobesucher freilich nichts zu sehen.

Prato war lange politisch unabhängig. Doch die Nachbarstadt Florenz wollte expandieren und sich die ganze Toskana untertan machen. Um das zu verhindern, unterwarf sich Prato 1326 dem König von Neapel. Doch Königin Giovanna I. verkaufte die Stadt 25 Jahre später an Florenz. Fortan gehörte Prato zum Großherzogtum der Medici. Das historische Zentrum ist heute Fußgängerzone. Das macht einen Spaziergang durch die Altstadt zu einem sehr angenehmen Erlebnis. Was gleich auffällt: Wie in Florenz nutzten auch die Pratesi vor allem zwei lokale Marmorarten, den grünen Serpentino und den weißen Alberese. Die meisten historischen Bauwerke stammen aus der politisch wie wirtschaftlichen Blütezeit der Stadt, aus dem Mittelalter.

Ein Zeichen des Glaubens

Der dreischiffige Dom, dessen Gründung auf das 6. Jahrhundert zurückgeht, gilt als eines der eindrucksvollsten religiösen Bauwerke der gesamten Toskana. Errichtet zwischen dem 13. und 16. Jahrhundert, verführt er das Auge mit eleganten Bauelementen von der Romanik bis zur Renaissance. Die Kirche ist dem heiligen Stefan geweiht, aber

← Der Brunnen mit Bacchus, dem Gott des Weins, im Zentrum von Prato, ist ein Wahrzeichen der Stadt. Ferdinando Tacca fertigte ihn im 17. Jahrhundert aus Bronze.

der unbestrittene Star des Gotteshauses ist eine Art Gürtel. Denn die wertvollste Reliquie Pratos ist die sogenannte *Sacra Cintola,* der »heilige Gürtel« der Gottesmutter Maria. Dieser 87 Zentimeter lange Gürtel aus feinster Ziegenwolle ist zartgrün eingefärbt. Der frommen Tradition der mittelalterlichen Kirche zufolge wurde er von der Jungfrau Maria dem ungläubigen Apostel Thomas überreicht, als Nachweis ihrer Aufnahme in den Himmel. Der Gürtel wird in einer Schatzkiste aufbewahrt und zu feierlichen Anlässen ausgestellt. Um diesen Behälter zu öffnen, werden drei Schlüssel benötigt. Zwei Schlüssel verwahrt die Stadt Prato, einen die Diözese. Denn kurioserweise gehört Marias Gürtel zu zwei Dritteln den Bürgern und nur zu einem Drittel der Kirche. Der kostbare Reliquienschrein wird in der Cappella del Sacro Cingolo aufbewahrt. Sie wurde von Agnolo Gaddi im späten 14. Jahrhundert ausgemalt. Dargestellt wird, wie kann es anders sein, die Lebensgeschichte Marias.

An der Domfassade fällt ein architektonisches Unikum, eine externe Predigtkanzel, auf. Sie ist ein Werk des berühmten Renaissancemeisters Michelozzo mit Relief-Dekorationen von Donatello. Im Kircheninnern sind Meisterwerke von Renaissancemalern wie Paolo Uccello, Mino da Fiesole und Filippo Lippi zu bestaunen.

Kunst aus vielen Jahrhunderten

Alle historischen Kirchen in der Altstadt Pratos, und es sind eine Menge, verzaubern mit großer Kunst der Früh- und der Hochrenaissance sowie des Barocks, wie etwa die von Giuliano da Sangallo entworfene Basilica di Santa Maria delle Carceri mit Werken von Andrea della Robbia. Doch es gibt auch eine Burg. Das Castello dell'Imperatore aus dem 13. Jahrhundert ließ der italo-deutsche Stauferkaiser Friedrich II. errichten: eine mächtige quadratische Verteidigungsanlage mit acht Türmen, die sich mitten in der Altstadt erhebt. Unter den vielen historischen Palästen Pratos besticht vor allem der ungewöhnlich hohe Palazzo Pretorio aus dem 14. bis 15. Jahrhundert. Von hier aus wurde die Stadt im Mittelalter regiert. Heute ist in diesem Bauwerk das Museo Civico untergebracht – nicht irgendein städtisches Museum, sondern eine kleine und sehr feine Kunstsammlung mit Werken der bekanntesten Maler und Bildhauer der Renaissance wie Filippo Lippi, Fra Diamante, Bernardo Daddi, Andrea della Robbia und Donatello.

Zudem gilt Prato als Stadt der modernen und zeitgenössischen Kunst. 1988 entstand das Centro per l'Arte contemporanea Luigi Pecci. 2016 wurde das kreisrunde und ein wenig wie ein großes Ufo wirkende Gebäude nach Umbauten und Erweiterungen neu eröffnet und präsentiert seither seine Schätze auf rund 3000 Quadratmetern Ausstellungsfläche. Das Pecci ist eines der aktivsten Museen für zeitgenössische Kunst in Italien. Die Sammlung umfasst Werke von Lucio Fontana, Sol LeWitt, Anish Kapoor, Julian Schnabel und vielen anderen.

↗ Die Altstadt lädt in ihrer Fußgängerzone zum entspannten Schaufensterbummeln ein.
↖ Ein echter Blickfang ist die außen angebrachte Predigtkanzel am romanischen Dom.
← Wie ein Ufo wirkt das 1988 eröffnete Museo Pecci für moderne und zeitgenössische Kunst.

INFO

MAN GÖNNT SICH JA SONST NICHTS
Wer einen Eindruck davon bekommen möchte, wie die Familie der Medici auf ihren Landsitzen untergebracht war, sollte einen Ausflug von Prato nach Poggio a Caiano unternehmen. Dort ließ sich die Fürstenfamilie vom damaligen Starbaumeister Giuliano da Sangallo Ende des 15. Jahrhunderts eine prächtige Landresidenz errichten, die Villa Medicea di Poggio a Caiano. Die Medici wollten, in Anlehnung an antike Vorbilder, standesgemäß die Natur genießen. Die Renaissance besann sich nicht nur in Fragen von Kunst, Philosophie und Literatur auf die römische und griechische Antike, sondern auch in Sachen Architektur und gehobenem Lebensstil. Weil sie wie die reichen und kunstsinnigen antiken Senatoren, Adligen und Kaiser über ausgedehnte Ländereien verfügten, ließen sich auch die Medici verschiedene Villen errichten, um sich vom stressigen Stadtleben zu erholen – alle stehen mehr oder weniger in der Nähe von Florenz. So entstanden zwischen dem 15. und 17. Jahrhundert insgesamt 56 sogenannte Ville Medicee. Einige davon sind zu besichtigen. Die Villa in Poggio a Caiano gilt als eine der schönsten ihrer Art.

WEITERE INFORMATIONEN
pratoturismo.it
Museo Pecci, centropecci.it/museo
Villen, villegiardinimedicei.it

Monstergesichter als Deko an der Villa Poggio a Caiano

2

BORGO SAN LORENZO – LOB DER RUHE

VERSTECKTE SCHÖNHEIT

Obwohl Florenz das Licht der Aufmerksamkeit auf sich zieht, locken in seinem Schatten reizvolle Ortschaften mit viel Charme, prächtiger Architektur und verträumten Winkeln, die mehr als nur einen Spaziergang lohnen und zugleich in eine ganz andere Welt entführen. Borgo San Lorenzo ist so ein Beispiel.

Was nach der Ankunft in Borgo San Lorenzo auffällt: die Stille. Keine Sightseeingbusse, keine Guides, keine Touristengruppen, die sich durch die malerischen Gassen schieben. In Borgo San Lorenzo, knapp 18 000 Einwohner groß, geht es gemächlich zu. Und das macht zu einem großen Teil den Zauber dieser Kleinstadt aus. Wie an den meisten Orten der Toskana ließen sich hier zunächst die Etrusker nieder. Auf sie folgten die Römer. Bis ins 10. Jahrhundert wurde das einst *Anneianum* genannte Dorf von einer adligen Familie regiert. Aber wie in anderen Dörfern des Mugellos bemächtigten sich die Bischöfe von Florenz auch dieses Marktfleckens – erpicht darauf, die Kreuzung wichtiger Handelsstraßen zu kontrollieren.

Im Mittelalter wurden in Borgo San Lorenzo so viele Waren umgesetzt, dass der Bischof einen Vikar ernannte, der als *Podestà,* eine Art Bürgermeister, den politischen Ton angab. Diese geistliche Dominanz gefiel den Bürgern gar nicht. Und so, eher selten in Italien, begehrten sie in den 1230er-Jahren auf. Daraufhin entschied der Bischof, dass in Borgo San Lorenzo künftig keine Häuser und Türme, die mehr als 27,5 Meter maßen, mit Blick auf die Straßen errichtet werden dürften. Das Verbot bewirkte, dass sich Borgos Bürger auf die Seite der Kaisertreuen schlugen. 1290 folgte dann eine epochale Entscheidung: Die Stadt Florenz erwarb das Mugello, jene Gegend im Norden, zu der auch Borgo San Lorenzo gehört.

Ein verwildertes Kloster

Im 14. Jahrhundert wurde die Stadtmauer errichtet, die in weiten Teilen noch steht. Erhalten blieb auch, trotz der Industrialisierung der Gegend im späten 19. Jahrhundert, der Reiz eines historischen Stadtzentrums mit zahlreichen Bauwerken aus dem Mittelalter und der Renaissance. Besonders interessant sind einige Sakralbauten in den peripheren Ortsteilen wie etwa das ehemalige Kloster San Pietro in Luco. Errichtet im 16. Jahrhundert und mehrfach umgebaut, besitzt diese Kirche ein herrliches Gemälde des auferstandenen Christus aus der Hand des Barockmeisters Lorenzo Lippi. Umgeben von Bäumen und Wiesen gibt sich das Kloster Santa Maria im Ortsteil Pulicciano dem malerischen Verfall hin. Die Abtei aus dem 11. Jahrhundert erhielt ihr heutiges Aussehen im frühen 18. Jahrhundert. Elegante Renaissance bietet die Kirche San Giovanni Maggiore, errichtet auf einem frühchristlichen Gotteshaus. Ihre Fassade und die Gestaltung des Innenraums stammen aus der ersten Hälfte des 16. Jahrhunderts.

INFO

FERIEN IN EINER RENAISSANCEVILLA

Wohnen in einer prächtigen Renaissancevilla bei einer Familie, die zu den berühmtesten der Toskana gehörte? Die Villa Rucellai in den Hügeln nördlich von Pistoia, im Ortsteil Canneto, bietet zwar keinen 5-Sterne-Luxus, dafür aber die selbst in der Toskana seltene Möglichkeit, im Haupthaus einer eleganten Landvilla zu übernachten. Die ersten Teile der Villa entstanden im 12. Jahrhundert. Ihr heutiges Aussehen erhielt sie im 16. Jahrhundert. Besonders reizvoll sind die beiden großen Doppelzimmer im Herrenhaus. Sie verfügen über ein eigenes Bad, hohe Decken und altes Mobiliar. Die Zimmer haben direkten Zugang zu einem weitläufigen Salon, von dem es in den barocken Garten mit Brunnen geht. Wein von den eigenen Weinbergen wird zur Verkostung gereicht.

WEITERE INFORMATIONEN

mugellotoscana.it, auch in englischer Sprache
villarucellai.it
Die Eigentümer der Villa Rucellai sind sehr hilfsbereit und verraten gern ihre persönlichen Geheimtipps für Restaurants in der direkten Umgebung.

↖ Renaissanceloggia von San Giovanni Maggiore in Borgo San Lorenzo
↑ Stilvoll und elegant eingerichtetes Wohnzimmer in der Villa Rucellai

3

MUSEO GALILEO, FLORENZ – HIMMLISCHE GERÄTE

MIT GALILEO INS ALL SCHAUEN

Das Florentiner Wissenschaftsmuseum birgt einen echten Schatz: die originalen Forschungsinstrumente eines Mannes, der das Weltbild der Renaissance gegen den Willen der Kirche komplett auf den Kopf stellte. Doch auch als Philosoph, Mathematiker und Erfinder war Galileo Galilei im wahrsten Sinne des Wortes visionär.

Es ist 1,36 Meter lang, nicht breiter als fünf Zentimeter und vollkommen schmucklos. Es ist ein Juwel des Museo Galileo, des leider nur wenig besuchten Wissenschaftsmuseums der Stadt Florenz. An seinen Enden wird dieses Gerät ein wenig breiter. Das erklärt sich durch die etwas größeren Gläser, die dort eingesetzt worden sind – von Galileo Galilei, der im Jahr 1610 dieses Teleskop, das ein aufrecht stehendes Bild lieferte, entwarf und bauen ließ. Es ist eines von zwei Teleskopen des berühmten Astronomen, die noch erhalten geblieben sind und heute im Nationalen Wissenschaftsmuseum in Florenz aufbewahrt werden. Als eine der an historischen Forschungsinstrumenten reichsten Institutionen Europas gilt sie dennoch als ein echter Geheimtipp. Das Museum, untergebracht im mittelalterlichen Palazzo Castellani, nicht weit entfernt von den Uffizien, macht mit seinen vielen interaktiven Installationen einen Besuch für die ganze Familie zum Erlebnis. Zu sehen sind rund 1000 historische Forschungsinstrumente, Globen und Messgeräte.

Von wegen platte Scheibe

Vor rund 400 Jahren, im Jahr 1608, begann der 1564 in Pisa geborene Galileo mit der wissenschaftlichen Beobachtung des Alls. Was sah er durch seine selbst gebauten Teleskopen? Wie verbesserte er die technischen Möglichkeiten der Himmelsbeobachtung? Antworten auf diese Fragen kommen aus Florenz von dem Wissenschaftshistoriker Giorgio Strano. Er hat am Nationalen Wissenschaftsmuseum die beiden einzigen noch erhaltenen Teleskope Galileis auseinandergenommen, um die einzelnen Teile einer genauen Untersuchung zu unterziehen. Das war zuvor noch niemals geschehen.

Das eine der beiden Galileischen Teleskope besteht aus einem Holzrohr, das außen mit Papier verkleidet ist. Galileo nutzte für seine Teleskope Zerstreuungslinsen. Er war der erste Astronom überhaupt, der konkave Okulare einbaute. Zwischen 1610 und 1640 konstruierte er eine Vielzahl von Teleskopen mit solchen Okularen. Das zweite im Museum ausgestellte Teleskop misst 98 Zentimeter und kann ferne Objekte 21-fach vergrößern. Mithilfe dieser uns heute simpel erscheinenden Geräte konnte der geniale Universalgelehrte die Oberflächenstrukturen des Mondes beobachten und die Milchstraße als Ansammlung zahlloser Sterne entlarven. Mit so einfachen Geräten versetzte er jenem damals offiziell gültigen Weltbild, wonach die Erde eine platte Scheibe sei, den Todesstoß.

← Globen über Globen, alle alt, im faszinierenden Wissenschaftsmuseum von Florenz
↓ Palast aus verschiedenen Epochen: das Museo Bardini im Herzen der Arno-Stadt

INFO

PERLEN IM PRIVATPALAZZO

Stefano Bardini, geboren 1836, war Antiquar und Sammler. Mit seinem Tod 1922 vermachte er der Stadt Florenz seine Villa und seine gesamte Kunstsammlung. Dieser Palazzo Bardini aus dem 13. bis 18. Jahrhundert, keine zehn Minuten Fußweg vom Museo Galileo entfernt, ist ein echter Kunstgeheimtipp in Florenz. Bardini sammelte, was sein Privatvermögen hergab: Meister geistlicher und weltlicher Kunst aus dem späten Mittelalter, der Renaissance und des Barocks. Kunst von den ganz großen Meistern ihrer Zeit, wie etwa von der Keramikmeisterfamilie Della Robbia, von Tintoretto, Il Guercino und Tiepolo. Besonders reizvoll in diesem Museum: Man kann die Kunst genießen, ohne ständig von anderen Besuchern weitergeschoben zu werden.

WEITERE INFORMATIONEN

Museo Galileo, museogalileo.it
Museo Bardini, musefirenze.it
Für beide Museen sollte man sich etwas Zeit lassen und jeweils mindestens drei Stunden für die Besichtigung einplanen.

4

RIFUGIO DIGITALE, FLORENZ – AUDIOVISUELLE KUNST

VISION IM BUNKERTUNNEL

Ein 40 Meter langer und zehn Meter breiter Bunker erstreckt sich unter dem bekannten Florentiner Aussichtspunkt Piazzale Michelangelo. Wer sich hineinwagt, wird mit einer echten Überraschung belohnt: Wo einst Soldaten stationiert waren, werden heute zeitgenössische Videos und digitale Kunst präsentiert.

Das Geräusch von schnell fließendem Wasser. Große rechteckige Bildschirme zeigen einen goldfarbenen Strom einer undefinierbaren leuchtenden Flüssigkeit. Nur das Video, auf allen Bildschirmen gleich, erhellt den langgestreckten Raum unter einer Gewölbedecke. Der kuriose Ort heißt Rifugio Digitale, »digitaler Fluchtort«. Marco Casamonti, Florentiner Architekt, und die Mitarbeiter seines Studios Archea Associati nutzen die einstige Verteidigungsanlage als Kunstgalerie. Diese verwegene und kostspielige Idee entstand 2021 aus der Überzeugung heraus, dass wir »in einer Zeit großer Veränderungen leben, auch in der zeitgenössischen Kunst«, so erklärt es der Architekt Casamonti. Deshalb wird im Stollen nur digitale Kunst ausgestellt, der »zeitgenössischsten Form der heutigen Kunst«. Der fensterlose Raum erlaubt einen intensiven Kontakt zu den audiovisuellen Werken.

Die erste Ausstellung des Rifugio Digitale war ganz einem Werk des italienischen Künstlers Fabrizio Plessi gewidmet. Sein Titel lautet »ORO« (GOLD). Zu sehen war ein goldener Flüssigkeitsstrom auf gleich 16 Bildschirmen, was in dem dunklen langen Raum ungemein faszinierend wirkte. Die digitalen Kunstwerke können auch erworben werden. Jedes Mal, wenn eine neue Ausstellung organisiert wird, entstehen NFT, *Non-Fungible Token,* kryptografisch unteilbare Token, die als digitale Wertgegenstände ein bestimmtes Werk repräsentieren.

Kunst zum Herunterladen

Damit beschreitet das digitale Ausstellungsprojekt ganz neue Wege. Die Idee der NFT wird in Italien, ganz anders als im europäischen Ausland und den USA, erst seit Kurzem rezipiert. Architekt Marco Casamonti ist von dieser Vision fasziniert, sieht in ihr eine neue Form des Eigentums an Kunst. Und so markiert das Rifugio einen Platz, an dem digitales Kunstschaffen auf einen physischen Ort trifft. Besucherinnen und Besucher treten hier mit einem digitalen Kunstwerk in eine direkte Beziehung. Casamontis Rifugio Digitale ist ein Novum in Italien. Nicht nur, weil es sich ausschließlich digitaler Kunst verschrieben hat, sondern auch, weil Kunstliebhaber so zum Teil einer in Italien neuen Kunstsammler-Community werden, die nur im Netz existiert. In diesem Sinn hat sich die ungewöhnliche Galerie in dem ehemaligen Militärtunnel auch zum Anziehungspunkt für all diejenigen entwickelt, die sich mit dieser Kunstform noch nicht so gut auskennen und sich überraschen lassen wollen.

INFO

KLEINBAHN VOM FEINSTEN

Der Florentiner Geheimtipp für Eisenbahnfans: HZero ist ein 280 Quadratmeter großes Eisenbahnmodell, das Anfang 2022 in einem ehemaligen Kino im historischen Zentrum, nicht weit vom Hauptbahnhof entfernt, installiert wurde. Es ist das Resultat der Kreativität von Giuseppe di San Giuliano. Der Unternehmer hat über Jahrzehnte an seiner Anlage gebastelt. Entstanden ist eines der größten Eisenbahnmodelle Europas, das Besucher zu einer Bahnreise durch Landschaften und Tunnel, zu Orten und Ruinen einlädt, mit zahllosen Details, voller Figuren und Autos. Und dazu gibt es viele, viele Züge. Besonders reizvoll neben der perfekt abgestimmten Technik: die aufwändig nachgestellten Szenen mit Personen in der Stadt und in der Natur.

WEITERE INFORMATIONEN

rifugiodigitale.it
Zu NFTs: italiani.it (auf Deutsch)
hzero.com
Das Kleinbahnmuseum eignet sich hervorragend für einen Besuch mit Kindern, denen Florenz ansonsten nicht sehr viel zu bieten hat.

← Ex-Kriegsbunker ganz modern: ein genialer Präsentationsort zeitgenössischer Kunst
↑ Fast wie im echten Leben: das Florentiner Kleinbahnmuseum

5

BOBOLI-GARTEN, FLORENZ – DAS GRÜNE FLORENZ

ENTSPANNUNG MITTEN IN DER STADT

Bei so vielen Museen, wie sie Florenz hat, wird ihrer schönsten Grünanlage fast immer nur ein kurzer Besuch abgestattet. Ein grober Fehler, denn dieser im Auftrag der Medici im 16. Jahrhundert angelegte Garten ist selbst ein Kunstwerk. Die grüne Oase erstreckt sich über mehrere Hektar und erlaubt herrliche Blicke auf die Stadt.

Peter Leopold von Lothringen war Erzherzog von Österreich. Der Habsburger regierte als Großherzog auch die Toskana, bevor er 1790 Kaiser des Heiligen Römischen Reichs wurde. Der den Ideen der Aufklärung zugewandte Herrscher liebte das damals modische Getränk der Gutbetuchten: Kaffee. Klar, dass er sich auch in Florenz ein Kaffeehaus errichten ließ – im Boboli-Garten, der zum Palazzo Pitti gehört. Das Kaffeehaus im neoklassizistischen Stil, gebaut in den späten 1770er-Jahren, wurde in den vergangenen Jahren umfassend restauriert und kürzlich wiedereröffnet.

Ein Masterplan für den Park

Die komplette Sanierung des Boboli-Gartens ist ein Herzensprojekt von Eike Schmidt, dem deutschen Kunsthistoriker und Direktor des Museums der Uffizien, des Palazzo Pitti und somit auch des Giardino di Boboli. Ein Garten, der nicht einfach nur reichhaltiges Grün und tolle Blicke auf die Altstadt bietet, sondern auch eine Art Freilichtmuseum für Kunst und Architektur darstellt. Schmidts Masterplan sieht vor, dass die 33 Hektar große Anlage bis 2030 wieder in altem Glanz erstrahlen soll. Wie damals unter den Medici-Herrschern: 1549 begann die Familie mit der Gestaltung. Dafür wurde Niccolò Tribolo herangezogen, ein Florentiner Bildhauer, Architekt und, so würde man heute sagen, Gartendesigner. Nach seinem frühen Tod übernahmen zwei andere Künstlerstars der damaligen Zeit, Bartolomeo Ammannati und Bernardo Buontalenti, das ehrgeizige Projekt. Sie und ihre Nachfolger schufen einen Park im Stil der Renaissance, der zum Vorbild für andere Parkanlagen europäischer Höfe wurde.

Der Boboli-Garten ist übrigens seit dem 18. Jahrhundert öffentlich zugänglich. Ihn durchschneiden verschiedene Wegachsen, gesäumt von durch die Antike inspirierten Skulpturen. Es gibt ein Amphitheater, einen See, verschiedene kleinere thematische Gärten, eine Insel mit Skulpturen und die Grotta del Buontalenti. Diese künstliche Grotte ist eines der Meisterwerke Buontalentis. Er schuf sie im späten 16. Jahrhundert für Francesco I. de' Medici. Künstliche Stalagmiten, Säulen und Skulpturen bilden die bizarre Fassade der hausgroßen Grotte. Innen spenden drei Säle an heißen Tagen erfrischende Kühle. Sämtliche Räume wirken wie eine mit Kunst verzierte echte Grotte, mit Stuckaturen, Fresken und voller erotischer Anspielungen. Im dritten Saal entsteigt dem Brunnen der Venus eine ziemlich verführerisch wirkende junge Signora.

INFO

WIE BEI MAMMA!
Nach vielen Schritten durch die Boboli-Anlagen kann man sich im Viertel San Frediano entspannen. Empfehlenswert für eine Mittagspause ist die Vecchia Bettola. Doch es handelt sich nicht, wie der italienische Name suggeriert, um eine alte Taverne. Das von Carla und Massimiliano betriebene einfache Lokal bietet herzhafte toskanische Spezialitäten zu vernünftigen Preisen in einem rustikal-gemütlichen Ambiente. Eine typische Florentiner Gaststätte, die keinesfalls eine Touristenfalle ist. Fantastisch schmecken die *Penne alla bettola*, und das *Bistecca alla fiorentina* ist ungemein zart. Die toskanische Weinauswahl ist ordentlich und der Hauswein gar nicht mal so schlecht.

WEITERE INFORMATIONEN
Boboli-Garten, uffizi.it
Für einen entspannenden Besuch des Gartens sollte man schon ein paar Stunden einplanen, denn die Entfernungen zwischen den zu besichtigenden Orten sind nicht zu unterschätzen.
Alla Vecchia Bettola, Viale Vasco Pratolini 3/5/7
florentinermuseen.com

↖ Von wegen nur Garten und Grün: das Porzellanmuseum im Boboli-Garten
↑ Die beliebteste Fleischzubereitung in den Florentiner Restaurants: la Bistecca

Der herrliche Blick von der Piazzale Michelangelo auf ganz Florenz

6

CIMITERO DEGLI INGLESI, FLORENZ – INSEL DER STILLE

INTERNATIONALE RUHESTÄTTE

Der ohne jeden Zweifel schönste Friedhof von Florenz ist zugleich einer der unbekanntesten Orte der 380 000-Einwohner-Stadt. Auf einem flachen Hügel mitten im Straßenverkehr, an dem die Touristenbusse achtlos vorbeifahren, findet sich seit den 1830er-Jahren der Cimitero degli Inglesi, der Englische Friedhof.

Elizabeth Barrett Browning war nicht nur die Gattin des englischen Dichters Robert Browning, sondern selbst Poetin. 1861 starb sie in Florenz. Mit Gedichten machte sich auch Arthur Hugh Clough einen Namen, und ebenfalls seine letzte Lebensstation war Florenz. Genauso wie für Nadezhda De Santis, eine Sklavin aus Nubien, die der Sprachwissenschaftler Jean-François Champollion Anfang des 19. Jahrhunderts nach Italien brachte. In der Stadt am Arno verstarben auch Beatrice und Edward Claude Shakespeare, die letzten Nachfahren des berühmten William Shakespeare. 1937 hauchte hier der deutsche Historiker jüdischen Glaubens Robert Davidsohn sein Leben aus. Er galt als einer der besten Kenner der Geschichte der Stadt und der Toskana. Alle diese Personen haben ihre letzte Ruhestätte in Florenz gefunden – auf einer leicht erhöhten, ovalen grünen Insel inmitten der Piazzale Donatello, umgeben von zwei wichtigen Verkehrsadern, der Viale Antonio Gramsci und der Viale Giacomo Matteotti.

Ein Begräbnisort für (fast) alle

Dieser Ruhepol im quirligen Künstlerviertel ist der Cimitero degli Inglesi, der Englische Friedhof, auf dem auch Tote anderer Nationalität liegen. Dieser den Nichtkatholiken vorbehaltene Friedhof wurde ab 1827 außerhalb der einstigen Stadtmauern errichtet und von der reformierten evangelischen Kirche der Schweiz finanziert – ein internationaler Friedhof, auch für die Verstorbenen griechisch-orthodoxen Glaubens. Entworfen hat den Friedhof der Architekt Carlo Reishammer. 1858 ließ Friedrich Wilhelm IV. von Preußen, ein Protestant, auf der Spitze des Hügels eine Säule errichten, damals wie heute Kreuzpunkt der beiden Friedhofsalleen. Seine heutige Form erhielt diese Insel der Ruhe mitten im modernen Verkehrslärm 1865, als Florenz für kurze Zeit Hauptstadt des vereinten Italiens war. Bereits zwölf Jahre später erging ein Verbot an die protestantische Kirche und andere nichtkatholischen Glaubensgemeinschaften, weitere Tote beizusetzen. So wurde der romantische und für das 19. Jahrhundert typische Charakter der Toteninsel beibehalten und konserviert.

Es finden sich mehr als 1400 Verstorbene aus 16 Nationen, vor allem Briten. Sie belegen mit 760 Gräbern den Löwenanteil der Grüfte. Deshalb erhielt der eigentlich schweizerische Friedhof den Namen »Friedhof der Engländer«. Die alten Grabsteine, oftmals geschmückt mit Skulpturen, die Bäume, darunter viele schlanke Zypressen, und die Ruhe machen diesen Ort zu einer reizvollen Oase.

INFO

ADEL VERPFLICHTET

Wohnen wie ein Florentiner Fürst? Im Hotel Four Seasons, nicht weit vom Engländer-Friedhof entfernt, findet sich die vielleicht stilechteste und prächtigste Herberge der Stadt. Untergebracht in einem historischen Gebäude, wird hier in von Barockarchitektur geprägten Innenräumen Luxus pur geboten. Nur 37 Gästezimmer gibt es im alten Herrenhaus und dazu für alle, die wirklich das Besondere suchen, die Royal Suite mit Gewölbedecke, wertvollen Keramikböden und Wandmalereien des 17. Jahrhunderts. Zum Komfort gehört der Parkblick auf den uralten Baumbestand. Intim ist die Pool Garden Suite mit privatem Garten und Pool, untergebracht in der ehemaligen *Limonaia*, wo man einst Zitronenbäume über den Winter aufbewahrte. Die Executive Suite unterm Dach bietet durch große Fenster einen fantastischen Blick auf den Dom.

WEITERE INFORMATIONEN

Cimitero degli Inglesi, Piazzale Donatello,
Mo 9–12, Di–Fr 14–17
fourseasons.com
Ein Tipp im Hotel-Tipp: das Ristorante Il Palagio

↑ Luxus in historischem Ambiente: eines der Gästezimmer im Hotel Four Seasons
← Wie eine Insel mit einem von Zypressen bestandenen Hügel erhebt sich das Friedhofsareal.

7

VILLA ROMANA, FLORENZ – WO ZITRONEN BLÜHEN

EIN DEUTSCHES KÜNSTLERPARADIES

In Rom betreibt die Deutsche Akademie die Villa Massimo. Jedes Jahr werden dorthin Kunstschaffende verschiedener Kunstgattungen eingeladen, um sich vom Geist Roms und Italiens inspirieren zu lassen. Auch in Florenz gibt es eine deutsche Künstlerakademie. Aber die ist nur den wenigsten Leuten bekannt.

Der 1857 in Leipzig geborene Maler und Bildhauer Max Klinger hat die Villa Romana vor bald 120 Jahren erworben, eine neoklassizistische Villa in der Florentiner Via Senese, nicht weit vom historischen Zentrum entfernt in einem 1,5 Hektar großen Park gelegen. Anfang der 2000er-Jahre wurde das elegante Gebäude sehr behutsam renoviert, um die originale Bausubstanz zu erhalten. Drinnen empfängt die Besucher die überbordend eklektizistische Architektur des 19. Jahrhunderts mit verwinkelten Treppenhäusern, Zugängen, die dann noch einmal über den Hof in ein weiteres Ateliergebäude führen, und mit einer *Limonaia,* dem einstigen Zitronenhäuschen, später zum Atelier umgebaut.

Seit 1905 ist in der prächtigen Residenz das älteste deutsche Künstlerhaus im Ausland untergebracht, gegründet von Max Klinger und finanziert vom Deutschen Künstlerbund und mehreren Sponsoren. Seitdem kommen jedes Jahr drei bis vier Künstler nach Florenz. Der Villa Romana-Preis entstand als Gegenmodell zu den Auszeichnungen der staatlichen deutschen Akademien als ein Preis, der Künstlern unabhängig von staatlicher Förderung und Beeinflussung ein Forum für ihr Schaffen geben möchte. Die Berliner Kunsthistorikerin und Kuratorin Elena Agudio leitet seit Dezember 2022 die Florentiner Villa Romana.

Große Namen – bis die Nazis kamen

Stipendiaten waren vor dem Ersten Weltkrieg unter anderen Käthe Kollwitz, Max Beckmann, Ernst Barlach und Max Pechstein. Von den Nazis wurde der Kultureinrichtung vorgeschrieben, wen sie zu beherbergen hatte. Ab 1935 leitete der Maler Hans Purrmann die Villa Romana. Der Schüler von Henri Matisse gab hier vielen in Deutschland verschmähten Künstlern ein Quartier. Später musste auch er in die Schweiz fliehen. Bis 1953 befand sich die Villa dann in italienischem Besitz. Es ist Purrmann zu verdanken, dass sie wieder Eigentum der Bundesrepublik wurde.

In den vergangenen Jahren und Jahrzehnten waren hier etliche berühmte Künstler zu Gast, darunter Katharina Grosse, Markus Lüpertz, Georg Baselitz und Anna Oppermann. Eine Jury des in Berlin ansässigen Deutschen Künstlerbunds wählt die Glücklichen aus, die neben Wohnraum eine monatliche Unterstützung erhalten. Max Klinger wollte, dass die Stipendiaten, so seine Worte, hier »frei von Alltagssorgen und finanziellen Nöten« leben können. Wenigstens ein Jahr lang.

← Ein Paradies für deutsche Künstler: die Stipendiatenresidenz Villa Romana
↓ Barocke Deckenfresken in der Medici-Villa Poggio Imperiale

INFO

ELEGANTE LANDVILLA

Die zweifellos ungewöhnlichste Medici-Villa ist Poggio Imperiale, nicht weit von der Villa Romana entfernt. Die aus dem 16. Jahrhundert stammende Landresidenz wurde zunächst während des Barocks und dann von der ältesten Schwester Napoleon Bonapartes, Élisa Baciocchi, Anfang des 19. Jahrhundert im damals modischen Stil des Neoklassizismus umgebaut, drinnen wie draußen. Das erklärt auch die stilistisch strenge und gar nicht zu einer Landvilla passende elegante Fassade. Die Innenräume faszinieren nicht nur mit strengem Neo-Klassizismus, sondern auch mit herrlichen und üppigen Wandmalereien des 17. und des 18. Jahrhunderts, die zum Glück keiner Modernisierung zum Opfer fielen. Eindrucksvoll ist der Ballsaal, der heute für Konzerte genutzt wird.

WEITERE INFORMATIONEN

villaromana.org
villegiardinimedicei.it
Für einen Besuch der Villa Romana und der Villa Poggio Imperiale empfiehlt es sich unbedingt, sich vorher anzumelden.

8

MUSEO FERRAGAMO, FLORENZ – MEISTERSTÜCKE

PARADIES DER SCHUHE UND DER TASCHEN

Ferragamo steht für handgemachte Qualitätsschuhe großer Eleganz. 1936 kreierte er den bis heute berühmten Keilabsatz, später die sogenannten unsichtbaren Sandaletten und seine heiß begehrten Pumps. In seiner Heimatstadt Florenz lassen sich die Kreationen des Meisters in einem eigenen Museum besichtigen.

Salvatore Ferragamo gründete eines der weltweit bekanntesten Schuhunternehmen. Der 1898 als 11. von 14 Kindern in Kampanien geborene Salvatore fertigte bereits im Alter von nur neun Jahren seine ersten Schuhe an. 1914 wanderte Salvatore zu seinem Bruder in die USA aus. Gemeinsam eröffneten sie in Hollywood in den 1920er-Jahren eine Boutique. Schnell machte sich Salvatore mit seinen modischen und ausgefallenen Maßanfertigen einen Namen. Zu seinen Kundinnen und Kunden gehörten u. a. Greta Garbo und Gloria Swanson, Anna Magnani und Cary Grant. Dass seine Schuhkreationen auch in Kinofilmen genutzt wurden, machte ihn nur noch bekannter.

Ganz groß heraus kam Ferragamo in den 1950er-Jahren mit seinen Ballerina-Schuhen für Audrey Hepburn und den hohen Pumps für Marilyn Monroe. Diese Modelle, wie seine Kreation Rainbow mit Absätzen und Sohlen in Regenbogenfarben, machten ihn international zum Star. 1927 kehrte Salvatore Ferragamo nach Italien zurück und ließ sich bei Florenz nieder. Nach seinem Tod 1960 leitet die Familie das Unternehmen, das seitdem nichts von seinem Ruf verloren hat. Heute werden nicht nur Schuhe entworfen und produziert, sondern auch Uhren, Taschen und Accessoires. Im mittelalterlichen Florentiner Palazzo Spini Feroni können die Schuh-Meisterwerke der Ferragamos und andere Modeartikel des Hauses in einem eigenen Museum besichtigt werden.

Seitenblicke auf die Kunst

In sieben großen Sälen mit wandhohen historischen Fotografien aus den 1920er- bis 1960er-Jahren werden die berühmtesten Schuhe der Firma präsentiert. Faszinierende Modelle für Filmstars, für die Reichen und Schönen. Das Museum erzählt die Biografie ihres Gründers und seine Erfolgsgeschichte, und stellt, in ständigem Wechsel, die 14 000 im hauseigenen Archiv aufbewahrten Modelle aus. Zwei Säle sind Wechselausstellungen gewidmet.

Das Museum, das nicht nur Frauen, sondern auch Männer und überhaupt alle Design- und Modeinteressierten begeistert, beleuchtet die außerordentliche Fähigkeit Ferragamos, Farbe, Komfort und viel Kunstsinn mit perfekter handwerklicher Verarbeitung zu vereinen. In der Gegenüberstellung der ausgestellten Schuhe mit ebenfalls im Museum gezeigten Kunstwerken aus dem 20. Jahrhundert wird deutlich, wie sehr sich der Schuhschöpfer von zeitgenössischen Kunstströmungen beeinflussen ließ.

INFO

EINFACH MAL PROBIEREN!

Wer keine Vorurteile gegen Innereien hat, sollte eine echte Florentiner Spezialität kosten, die *Trippa alla fiorentina*. Das ist ein uraltes Kuttelgericht, das aus in feine Streifen geschnittenen Kutteln zusammen mit Stangensellerie, Butter, Zwiebeln und Karotten zubereitet wird. In der Regel werden dazu Tomaten serviert. Es gibt auch eine Variante, in der dieses Kuttelgericht mit geriebenem Parmensan bestreut und im Ofen gratiniert wird. Nicht weit vom Palazzo Borghese entfernt kann man diese wirklich köstliche Leckerei in verschiedenen einfachen Lokalen probieren, etwa im rustikalen Gusta Trippa oder dem Restaurant Bambi Trippa e Lampredotto. Weil Begriff und Gericht gleichermaßen etwas aus der Mode gekommen sind: Kutteln sind die geschnittenen Pansen von Wiederkäuern.

WEITERE INFORMATIONEN

Ferragamo.com
florentinermuseen.com
Das Museum der Konkurrenz, gucci.com
Gusta Trippa, Via Santa Elisabetta 7r
bambitrippaelampredotto.it

← Im Ausstellungssaal 9 zeigt sich die ganze schöpferische Vielfalt der Marke Ferragamo.
↑ Kutteln, ein echter Florentiner Gastroklassiker, gibt es in vielen Variationen.

9

CERTOSA SAN LORENZO – WAHRE PERLE

VOR DEN TOREN VON FLORENZ

Nicht weit von den mittelalterlichen Stadtmauern von Florenz entfernt, nur rund fünf Kilometer südlich der Stadt, findet sich mit der Certosa San Lorenzo di Galluzzo ein echtes Glanzstück religiöser Architektur, das vollkommen zu Unrecht von den meisten Italien- und Toskanareisenden ignoriert wird. Das sollte sich ändern!

Die Certosa San Lorenzo di Galluzzo, kurz Certosa di Firenze, ist ein ehemaliges Eremitenkloster. Gegründet hat es der heilige Bruno von Köln, der auch das Motto der Kartäuser formulierte: »Das Kreuz steht fest, während die Welt sich dreht«. Das Besondere dieser von Zypressen und Obstgärten umgebenen Klosteranlage bei Florenz: Sie ist nicht nur vollständig erhalten geblieben, sondern sie kann auch komplett besichtigt werden. Die in ihren Ausmaßen gewaltige Anlage wurde im 14. Jahrhundert errichtet, auf Wunsch des *Gran Siniscalco* des Königreichs von Neapel. Dieser Großmarschall hieß Niccolò Acciaiuoli und war der Sohn einer der einflussreichsten Florentiner Familien jener Zeit.

Als Kloster fungierte die Anlage, bis Napoleon 1810 Italien eroberte und das Kloster plündern ließ. Die zuvor in dem Bauwerk untergebrachten Kunstwerke finden sich heute zum großen Teil in Museen in ganz Europa wieder. 1818 kamen die Mönche zurück. Heute wohnen hier die Mitglieder der Gemeinschaft des Heiligen Leolino, eine Gruppe von Laien und Geistlichen, die im Sinn des Zweiten Vatikanischen Konzils zusammenleben. Die Certosa mit ihren rund 16 000 Quadratmetern Fläche verfügt über mehrere Innenhöfe, ein Refektorium, eine Kirche und zahllose andere Räumlichkeiten. Gleichwohl war die Anlage ursprünglich nur für 23 Klausurmönche konzipiert. Trotz der Plünderungen gibt es hier noch einiges zu sehen wie die Wandmalereien mit Szenen der Leidensgeschichte Christi aus der Hand des Renaissancemalers Jacopo Pontormo. Vor der Pest in Florenz war der Künstler Anfang des 16. Jahrhunderts in die Certosa geflohen und nutzte seinen Aufenthalt zum Malen.

Ein Papstgefängnis

In der *Foresteria*, dem Gästehaus des Klosters, das sein heutiges Aussehen im 18. Jahrhundert erhielt, lebte von 1798 bis 1799 Papst Pius VI. als Gefangener der Franzosen. Die reich dekorierte Kirche aus dem 14. Jahrhundert bietet Kunstwerke aus Renaissance und Barock. Einer der drei Klosterinnenhöfe ist besonders groß und wird deshalb auch Chiostro Grande genannt. Giovanni della Robbia schuf in den 1520er-Jahren die 66 Medaillons mit verglasten Terrakottabüsten, die Figuren aus dem Alten und Neuen Testament zeigen. Auch die Zellen der ehemaligen Klausurbrüder können besichtigt werden – 18 Wohneinheiten, allesamt unabhängig voneinander; mit jeweils drei Stockwerken und einem Kamin, einem Schlaf- und einem Arbeits- sowie Betraum, mit einem Garten und einem Brunnen versehen.

← La Certosa ist eine der eindrucksvollsten Klosteranlagen der Toskana.
↓ Das malerisch gelegene Amphitheater von Fiesole aus dem 1. Jahrhundert v. Chr.

INFO

THEATER MIT AUSSICHT

Es war der Preuße Friedmann Schellersheim, der zum ersten Mal systematisch und mit wissenschaftlicher Kenntnis in Fiesole den Spaten ansetzte. 1809 begann er mit Grabungen in der kleinen Ortschaft in den Hügeln von Florenz. Zu Tage förderten der Deutsche und seine italienischen Kollegen eine Thermenanlage, die Reste eines Tempels und ein römisches Theater. Alles was transportierbar war, wurde in das Museo Civico Archeologico di Fiesole gebracht und beweist, dass die antike Kleinstadt, vermutlich auf den Resten einer etruskischen Ortschaft erbaut, sehr wohlhabend war. Besonders eindrucksvoll ist das römische Theater aus dem 1. Jahrhundert v. Chr. Der halbkreisförmige Zuschauerraum hat einen Durchmesser von fast 70 Metern. Seit einigen Jahren werden hier im Sommer Abendveranstaltungen ausgerichtet. Der Blick von den Zuschauerreihen in die toskanische Landschaft ist einfach umwerfend.

WEITERE INFORMATIONEN

Certosa di Galluzzo, certosadifirenze.it
Estate Fiesolana, bitconcerti.it, auch auf Deutsch

10

PIEVE DI ROMENA – REINE ROMANIK

KUNSTSCHATZ IN DER NATUR

Die Toskana ist berühmt für ihre malerisch in der Landschaft gelegenen Gotteshäuser und Kirchenruinen. Auch die Pieve di San Pietro gehört dazu, und doch beansprucht dieses romanische Bauwerk eine Sonderstellung: Es unterscheidet sich von vielen anderen Kirchen durch die perfekte Form und schlichte Eleganz.

Man muss schon genau wissen, wo man sie finden kann, sonst fährt man glatt an der Pieve di San Pietro vorbei. Diese Kirche liegt in einem ländlichen Gebiet zwischen zwei kleinen Straßen und ist nur über eine Landstraße zu erreichen, über die Strada Provinciale 73. Die nächste Gemeinde heißt Pratovecchio, die Gegend trägt den Namen Casentino. Touristenbusse sind hier zum Glück selten. Pieve ist ein veraltetes Wort für Pfarrei – so nannte man im nord- und mittelitalienischen Mittelalter ländliche Pfarrbezirke mit einem Gotteshaus. Und bukolisch geht es rund um die Pieve di San Pietro noch immer zu.

Architektonische Fülle

Sie ist eine auf den ersten Blick einfach gestaltete und schlicht wirkende Kirche, doch bei genauerem Hinsehen gehört sie aufgrund einiger architektonischer Eigenarten zu den wichtigsten Bauwerken des toskanischen Mittelalters. In der Gegend wird das Gotteshaus einfach nur Pieve di San Pietro genannt, aber es gibt einen Namenszusatz: a Romena, bei Romena. Das verweist auf eine Burg, das Castello di Romena, das sich einige hundert Meter nördlich auf einem Hügel erhebt, von hohen Zypressen umgeben.

Reste der Fundamente der Pieve gehen auf einen Vorgängerbau zurück, der wahrscheinlich im 8. Jahrhundert als karolingisch-langobardische Kirche entstanden war. Ein erster Campanile wurde ebenfalls im frühen Mittelalter errichtet. Die Basisstruktur des aktuellen Glockenturms stammt immer noch aus dieser fernen Zeit.

Französische Baumeister

Die Baugeschichte des Gotteshauses fasziniert bis heute. Eine noch existierende lateinische Inschrift auf dem Kapitell besagt: »Im Hungerjahr 1152 schuf Pfarrer Albericus diesen Bau.« Die baugeschichtliche Ikonografie lässt vermuten, dass Handwerker und Baumeister aus der Lombardei hier am Werk waren. Leute vom Fach, die ihr Handwerk in der französischen Provinz, genauer in der Auvergne, gelernt hatten. Dort finden sich ähnlich gestaltete Kirchen der Romanik. In Italien kommt die Bauweise mit diesen Merkmalen dagegen eher selten vor. Anscheinend waren die weitgereisten Experten auch anderswo in der Toskana tätig, denn verschiedene romanische Kirchen weisen vergleichbare Baumerkmale auf, wie man sie an und in der Pieve di San Pietro antrifft.

Die Pieve di San Pietro a Romena ist eine klassische und in ihrer Schlichtheit ungemein elegante Säulenbasilika mit drei Langschiffen und einem erhöhten Mittelschiff. In früheren Zeiten war sie um ein Drittel länger. Doch das ur-

→ Stimmungsvoll ausgeleuchtet: Romanik vom Feinsten in der Pieve di San Pietro

← Die Burgruine Romena ist eine weitere Anlaufstelle bei der Besichtigung von Pieve.
↙ Beim Wandern in der Umgebung trifft man im Herbst auf Kastaniensammler.
↘ Die romanische Apsis der Pieve ist komplett und unversehrt erhalten geblieben.

sprüngliche Gebäude stürzte teilweise ein, und Erdbeben zu Anfang des 18. Jahrhunderts gaben dem statisch gefährdeten Bauwerk den Rest. Die Fassade wurde dabei ebenfalls zerstört. Heute besteht die Wand des Eingangsportals deshalb aus grob behauenen Werksteinen. Die Pieve verfügt über ein Querschiff. Das Mittelschiff läuft deshalb in einer Apsis aus. Das Kirchenschiff wird nur bei der Apsis von einem steinernen Tonnengewölbe überdeckt. Die Decke des übrigen Gebäudes trägt ein Dachstuhl aus Holz.

Säulenkapitelle mit Tieren und Menschen

Von großem kunsthistorischen Interesse sind die Säulen der Arkadenbögen. Sie werden von Kapitellen gekrönt, ganz nach antikem Vorbild. Doch was sie von diesen unterscheidet, ist die Entasis. So nennt man die Bauchung oder Schwellung eines Säulenkapitells. Und hier zeigt sich eine architektonische Besonderheit der romanischen Architektur, die es so nur in einigen wenigen Kirchen im Casentino gibt. Was wiederum die Vermutung stützt, dass hier eine ganz bestimmte Gruppe von Bauleuten am Werk war. Jedes Kapitell der Pieve zeigt eine ausdrucksstarke Form der Entasis, mit Figuren und Blattschmuck. Alles ziemlich naiv in der Ausdrucksform gehalten und somit typisch für die Architektur der Romanik. Figuren wie von Kinderhand gezeichnet, mit nur angedeuteten Gewändern. Dazu geflügelte Gestalten und Personen, die in einem Boot sitzen, darunter schwimmen große Fische im Meer. Mit einem kleinen Fern- oder Opernglas lassen sich diese Darstellungen hervorragend betrachten.

Ungewöhnlich für die ländliche Toskana ist auch die Apsis der Pieve di San Pietro a Romena mit zwei übereinandergestellten Reihen mit Blendarkaden. Rechts von der Kirche erhebt sich eine Taufkapelle, das Battistero. Der Innenraum wird von einem Kreuzgewölbe überdacht und lässt sich auf die Zeit der Spätromanik datieren.

Zauberhaft leer

Besonders reizvoll ist auch der Umstand, dass beide mittelalterlichen Bauwerke, die Pieve und das Battistero, leer stehen. Es stören weder architektonische oder künstlerische Hinzufügungen späterer Jahrhunderte noch zeitgenössische und geschmacklich diskutierwürdige Sakralkunstwerke, wie man sie in vielen anderen italienischen Kirchen leider oft zu sehen bekommt. In früheren Zeiten sah das anders aus, damals befanden sich auch in der Pieve religiöse Kunstwerke. Aber sie wurden entfernt, weil Gotteshäuser in Italien in ländlichen Gegenden das bevorzugte Ziel von Kunsträubern sind. Und selbst wenn es eine Alarmanlage gäbe: Die Polizei würde den entlegenen Ort der Pieve erst erreichen, wenn die Diebe schon über alle Berge wären. Und so präsentiert sich dieses romanische Kleinod inmitten der idyllischen Landschaft einfach leer. Romantik pur.

INFO

PERFEKT GEGEN KÄLTE UND NÄSSE

Nördlich der Pieve di Romena wird in und bei der Ortschaft Stia seit dem frühen 14. Jahrhundert, das verbürgt ein historisches Dokument, eine Wollspezialität hergestellt, das Casentino-Tuch, das sich immer noch einer treuen Fan-Gemeinde erfreut. Eine echte Produktspezialität der Toskana! Der Casentino-Stoff, der seinen Namen der gleichnamigen Landschaft verdankt, zeichnet sich durch eine hohe Widerstandsfähigkeit aus. Ermöglicht wird diese Materialresistenz durch das Verfilzen der Naturwolle. Beim letzten von insgesamt 13 Produktionsprozessen verleiht die Färbung dem Stoff sein typisches lockiges Aussehen und schafft eine zweite Schicht, die wärmeisolierend wirkt und für Wasserundurchlässigkeit sorgt. Entstanden als einfacher Allwetterstoff für Bauern und Winzer, entwickelte sich dieses widerstandsfähige Wollmaterial ab dem 19. Jahrhundert zur Mode für Adlige und wohlhabende Bürgerliche. Auch die Komponisten Verdi und Puccini kleideten sich während des Winters in Casentino-Tuch. Die klassischen Farben des Naturmaterials sind orange und grün.

WEITERE INFORMATIONEN

romena.it

Museo dell'Arte della Lana, alles zur Geschichte und Produktionsweise des Casentino-Tuchs, museodellalana.it

Auf den Weiden des Casentino grasen die Wollproduzenten.

11

POPPI – SCHÖNHEIT IM OSTEN

ORTSCHAFT AUS EINEM GUSS

Ganz offiziell wurde Poppi der Titel verliehen, eine der schönsten Ortschaften Italiens zu sein. Dieses seit 2001 vergebene Prädikat erteilt eine private Organisation an jene Dörfer und kleinen Orte, die außerhalb der normalen Touristenstrecken liegen. Nach dem Besuch steht fest: Poppi trägt die Auszeichnung zu Recht!

Die Ortschaft in der Provinz Arezzo wirkt wie aus dem Ei gepellt. Aufgeräumt, restauriert, mit ganz viel Charme und ganz wenig Tourismus. Von Massentourismus gar findet sich hier keine Spur. Rund 6100 Poppesi leben in dieser malerischen Kulisse aus historischen Gebäuden. Umgeben ist das in luftiger Höhe, etwas mehr als 400 Meter hoch gelegene Poppi von viel Natur. Der Ortsname stammt übrigens vom lateinischen Wort *poplo* und meint eine Anhöhe. Allerdings kann Poppi keine antike Gründung nachweisen. Selten für Mittelitalien: Erst im Mittelalter findet die Ortschaft Erwähnung. Hier residierten die Guidi, ein Adelsgeschlecht, das im 13. und 14. Jahrhundert eine Rolle spielte. 1441 geriet Poppi unter die Herrschaft von Florenz. Zu sehen gibt es viel. Aber es ist vor allem das urbanistische Ganze der Ortschaft, was fasziniert. Alles wirkt wie aus einem Guss. Neubauten stören nicht, und so mancher Besucher fühlt sich wie in einer historischen Filmkulisse, so harmonisch und stimmig erscheint alles.

Dantes Heimat

Es gibt natürlich eine Burg, das Castello dei Conti Guidi. Von hier aus entschied die Sippe über Gut und Böse in ihrem Zwergenreich. In der Burg lebte 1307 und 1311 Italiens Dichterfürst Dante Alighieri, der als Gründer der modernen italienischen Sprache gilt. Die Guidis waren auch für den Bau der eindrucksvollen Stadtmauer verantwortlich, die heute noch in weiten Teilen existiert. Von den einst fünf Stadttoren sind immerhin noch vier erhalten. Die Mauer verläuft in L-Form – und der Ort passt sich an.

Die Chiesa di San Fedele ist vielleicht die eindrucksvollste Kirche Poppis. Sie wurde im 12. Jahrhundert errichtet, geht aber auf einen Vorgängerbau aus dem 10. Jahrhundert zurück. Im Inneren von San Fedele lässt sich der Übergang von der Romanik zur frühen Gotik erkennen. Das einschiffige Bauwerk zeigt verschiedene religiöse Kunstwerke des 13. bis 16. Jahrhunderts. In der barocken Chiesa della Madonna del Morbo an der zentralen Piazza Amerighi hängt ein Gemälde, eine Madonna mit Kind, das dem Renaissancemeister Filippo Lippi zugeschrieben wird. Die wahrscheinlich älteste Kirche Poppis ist die Santa Maria Assunta e San Bartolomeo. Sie zählt mehr als 1000 Jahre. Merkwürdig mutet die Form dieses Gotteshauses an. Der Grundriss ist viereckig, auf dem Dach befindet sich ein sechseckiger Aufsatz mit einer sechseckigen Kuppel. Um den unteren Teil zieht sich auf drei Seiten eine Loggia.

INFO

VON MEMMENANO IN DIE WELT

Eine kunsthistorische Perle wartet nur knapp zehn Autominuten südöstlich von Poppi entfernt, im Stadtteil Memmenano. Die kleine Chiesa di San Matteo enthält ein Hauptwerk aus der Werkstatt des Florentiner Renaissancekünstlers Andrea della Robbia. Dieser absolute Könner der emaillierten Keramikkunst schuf zusammen mit Luca della Robbia il Giovane auch für diese auf den ersten Blick eher unscheinbare Dorfkirche aus dem Mittelalter ein Meisterwerk, das man sich nicht entgehen lassen sollte. Das halbkreisförmige Bild in nur zwei Farbtönen, weiß und blau, zeigt eine Pfingstdarstellung. Ein ungemein elegant wirkendes Sakralkunstwerk von großer Schönheit, bei dem der Künstler auf den ansonsten typischen Rahmen aus Blumen und Früchten verzichtet hat.

WEITERE INFORMATIONEN

Poppi, ilbelcasentino.it, auch auf Englisch
visittuscany.com
castellitoscani.com
Chiesa di San Matteo, Memmenano,
Piazza dei Prodi, 26

↖ Das im 19. Jahrhundert restaurierte Castello von Poppi mit einer Dantebüste
↑ Weiße Figuren auf blauem Untergrund: typisch für Luca della Robbia dem Jüngeren

12

LA VERNA – HEILIGE STÄTTE IM WALD

AUF DEN SPUREN VON FRANZISKUS

In der Eremitage am Monte Alverna fand Franz von Assisi neue Kraft. Bis heute ist es ein idealer Ort, um sich zurückzuziehen: das Kloster La Verna. Zudem ein Platz, an dem es an Versuchungen, die Städte und Ortschaften bieten, komplett mangelt.

Hier, in rund 1130 Metern Höhe, wird es selbst im Sommer nie so richtig heiß. Und im Winter? Da muss man oft Schneeketten anlegen, um zu diesem von dichten Wäldern umgebenen Ort zu gelangen. Das Kloster La Verna wurde genau deshalb an dem Felsberg Alverno errichtet: um Gott nah und allem Irdischen fern zu sein. Eine Klosterschenkung – durch einen lokalen Grafen, der fasziniert war von den ganz neuen religiösen Ideen des Franziskus von Assisi. Und so übergab Orlando Cattani dem Minoritenorden gleich den ganzen Monte Alverna. Der Mönch kam später hierher und war begeistert. Unter seiner Ägide wurde eine erste Kapelle, der Heiligen Maria der Engel geweiht, errichtet. Dazu einige Behausungen für die ersten Mönche, die sich hier niederließen. Man kann sich heute, in einer Zeit, in der das Kloster bequem mit dem Auto zu erreichen ist, gar nicht mehr vorstellen, welche Anstrengung es bedeutet haben muss, im Mittelalter hier heraufzugelangen. Vor allem für Franziskus von Assisi, der im August 1224 erstmalig den Berg erklomm, als er schon krank war. Seine Heiligenlegende berichtet denn auch, dass sich der vollkommen erschöpfte Ordensgründer zunächst einmal zurückzog. Für eine gewisse Zeit, um, so heißt es, mit Gott ins Gespräch zu kommen.

← Moderne Bronzeskulptur des heiligen Franziskus von Assisi, eine von vielen Skulpturen, die Besucher in La Verna zu sehen bekommen.

Diese erste Stätte, die *Chiesina,* das Kirchlein, existiert bis heute. Ihren Namen erhielt sie einer frommen Legende nach zur Zeit des Franziskus. Die Madonna erschien dem religiösen Aussteiger und Kirchenrebell und gab bei ihm ein Gotteshaus in Auftrag. Sie schrieb ihm sogar die genauen Abmessungen vor.

Wo der Mönch Wundmale erhielt

Die Franziskaner machten sich ab dem Jahr 1216 an die Arbeit. 1260 wurde das Kirchlein eingeweiht. Terracottameister Andrea della Robbia schuf das zauberhafte Reliefbild am Hauptaltar. Es zeigt Marias Aufnahme in den Himmel. Im kleinen Glockenturm hängt seit dem Jahr 1257 eine Glocke. Wichtig für die Heiligengeschichte des Franziskus: Im Kloster La Verna erhielt er 1224 die Wundmale. Um zur Kapelle der Wundmale zu gelangen, müssen Besucher den 78 Meter langen Corridoio delle Stimmate zurücklegen. Ziemlich genau in der Mitte des Korridors, durch den früher täglich Prozessionen zur Kapelle der Wundmale führten, geht es zum Bett des Heiligen Franziskus. Hier soll der Ordensgründer vor dem Bau des Klosters geschlafen haben, in einer immer kalten und feuchten Grotte. Ein anderer feuchter und kühler Ort, zu erreichen über eine oftmals rutschige Treppe, ist die Grotte, in der Franziskus betete.

In der Kapelle der Wundmale ist neben den Kunstwerken, die die Geschichte um den Empfang der Stigmata darstellen, ein Fels zu sehen. Genau hier, so will es die Heiligenlegende, soll sich die Stigmatisierung zugetragen haben. Von Andrea della Robbia, der viele Reliefs für dieses Kloster schuf, stammt die in dieser Kapelle befindliche großflächige Darstellung der Kreuzigung. Das Werk aus verglaster Terrakotta fasziniert durch den sparsamen Einsatz von Farben. Zu sehen gibt es nur Grün für den Pflanzenrahmen, Gelb für die Früchte, Blau für den Hintergrund und Weiß für die dargestellten Personen.

Ein größeres Kloster entstand erst in der zweiten Hälfte des 14. Jahrhunderts, wieder finanziert von frommen Adligen. 1509 wurde die Hauptkirche des Klosters eingeweiht. Wenn auch der Armut verpflichtet, gaben die Klosterbrüder für diesen Neubau wertvolle Kunst bei den ganz großen Meistern ihrer Zeit in Auftrag. Vor allem die Keramikkünstler aus der Familie della Robbia lieferten. Von Andrea della Robbia stammt auch eines seiner Hauptwerke, eine »Verkündigung des Herrn«. Aus seiner Hand sollen zudem die beiden Porträts am Altar kommen. Sie zeigen Franziskus von Assisi und Antonius von Padua. Unterhalb des Hauptaltars in der Chiesa Maggiore liegt eine Reliquie, die im Mittelalter sehr verehrt wurde. Es handelt sich um die sterblichen Überreste des Eremiten Johannes von La Verna, der vollkommen zurückgezogen Ende des 13. Jahrhunderts auf dem Berg lebte.

Die Vögel sangen für Franziskus

Auf dem Klostergelände steht auch die Kapelle der Vögel. Sie geht, wie kann es anders sein, auf eine Legende zurück. Wo heute die Kapelle steht, sollen vor beinahe acht Jahrhunderten die Vögel Franziskus mit Gesang und Flügelschlagen begrüßt haben. Das einfach gehaltene Kloster entstand im 14. Jahrhundert. Das noch existierende Refektorium, mit dessen Bau im 16. Jahrhundert begonnen wurde, misst ganze 39 Meter. Die gesamte Klosteranlage, zu der zudem der Friedhof und eine Friedhofskapelle gehören, ist von einem sogenannten »monumentalen Wald« umgeben: dem Nationalpark Foreste Casentinesi, Monte Falterona e Campigna im Grenzbereich von Romagna und Toskana, der für seine alten Bäume berühmt ist. Hier ragen dicht an dicht Buchen und Fichten bis zu 50 Meter hoch in den Himmel. Manche der Baumriesen haben einen Durchmesser von bis zu 180 Zentimetern. Dieser Wald ist auch ein bekanntes Wandergebiet.

Ausgangspunkt eines jeden Besuchs von La Verna ist der Parkplatz vor dem Kloster. Von dort aus werden die Besucher durch die Anlage geführt und erhalten, Station für Station, Informationen zu den frommen Legenden. Auch wenn wir in der Toskana sind, einer Region, die man fast immer nur mit Sonne und angenehmen Temperaturen verbindet: Die Klosteranlage ist selbst im Sommer nicht selten in dichte Wolken gehüllt. Aber gerade die wechselnde Wetterlage macht den weltfernen Charme dieses uralten religiösen Orts aus.

↗ La Verna, hier die Kirche Santa Maria degli Angeli, wirkt wie ein aus der Zeit gefallenes Dorf.
↖ Rutschige uralte Treppen führen in La Verna zu den Orten, in denen Franziskus spartanisch lebte.
← In diese einfache Felsgrotte zog sich der Heilige der Legende nach zum Gebet zurück.

INFO

MICHELANGELOS KINDERSTUBE

Er gilt als einer der ganz großen Stars der Renaissance: Michelangelo Buonarroti. Vermutlich wissen die meisten Toskana-Besucher nicht, dass er in Caprese Michelangelo geboren wurde, im Jahr 1475, in einem rund 650 Meter hoch gelegenen Dorf mit derzeit etwa 1350 Einwohnern – ein einsam gelegener Ort mit viel mittelalterlichem Charme. Erst ab 1913 trägt die romantische und so gut wie untouristische Ortschaft den Namen Caprese Michelangelo, um an ihren bedeutendsten Sohn zu erinnern. Die Altstadt ist fast komplett erhalten geblieben. Im Geburtshaus des Universalkünstlers präsentiert heute ein Museum eine kleine Sammlung von Kunst aus verschiedenen Jahrhunderten. Darunter Kalkkopien einiger der berühmtesten Skulpturen Michelangelos.

WEITERE INFORMATIONEN

laverna.it
Unbedingt beachten bei einem Besuch des Klosters La Verna: Festes und rutschfreies Schuhwerk anziehen, denn viele Wege und Treppen können feucht und glitschig sein. Außerdem empfiehlt es sich, wärmere Kleidung überzuziehen. Wer der Spiritualität des Ortes nachspüren möchte, sollte in den Morgenstunden oder am Abend kommen.
casanatalemichelangelo.it
franziskaner.net (auf Deutsch)

Der pittoreske Geburtsort von Michelangelo

13

VALLOMBROSA – SCHICKES KLOSTER

DIE BESCHEIDENHEIT KANN WARTEN

Aus der Ferne wirkt die Abtei fast wie eine mächtige Burg. Die hohen Mauern und die beiden seitlichen Türme sowie der in die Länge gezogene Zentralbau kennzeichnen die Abbazia di Vallombrosa als eine ehemals bedeutende und bis heute prächtige Klosteranlage. Mit mönchischer Askese hat das alles jedoch nur wenig zu tun.

Die elegante, aber auch etwas streng wirkende Abtei stammt aus dem 14. Jahrhundert. Der Glockenturm ist rund 200 Jahre älter. Die nur von Fenstern unterbrochene schmucklose Hauptfassade, ebenso schlicht und streng, entstand in der ersten Hälfte des 17. Jahrhunderts. Die mittelalterliche Abteikirche, deren Form aus dem 13. Jahrhundert beibehalten wurde, erhielt ihr heutiges Aussehen während der Renaissance und des Barocks. Die klassizistischen Altäre aus der ersten Hälfte des 18. Jahrhunderts wirken elegant, doch nicht überladen. Die verschiedenen Altäre ließ man zu Ehren der wichtigsten Ordensmitglieder errichten, von denen einige auch Bischöfe wurden. Die Altargemälde sowie die Wandmalereien in der Kuppel und in den Volten fertigten lokale Meister im 18. Jahrhundert an. Mit ihren Pastelltönen wirken sie fast ein wenig zu zart für die strenge Raumgestaltung.

Päpstlicher Hetzer

In der unseligen Geschichte der Kreuzfahrer spielte die Abtei von Vallombrosa eine wichtige Rolle. 1096 soll hier Papst Urban II. die Ordensleute und die Menschen der Gegend dazu aufgefordert haben, einen neuen Kreuzzug zur Befreiung der religiösen Stätten im Heiligen Land zu finanzieren. Ein weiterer berühmter Besucher der Abtei war der englische Dichter John Milton, er lebte im 17. Jahrhundert und wurde für sein Hauptwerk »Das verlorene Paradies« berühmt. Auch andere Briten fühlten sich von dem von viel Natur umgebenen Kloster angezogen. Darunter die Autorin des »Frankenstein« Mary Shelley, Frances Trollope und William Beckford. Friedrich Nietzsche war 1886 hier und soll von dem Ort verzaubert gewesen sein.

Wichtig zu wissen: Die Kongregation der Vallombrosiani entstand Anfang des 11. Jahrhunderts auf Initiative des später heiliggesprochenen Florentiners Giovanni Gualberto. Zusammen mit seinen Anhängern kämpfte er gegen die Korruption und den Amtsmissbrauch in seiner Kirche. Somit war diese Kongregation in gewisser Weise eine Vorläuferin der späteren Franziskaner. Direkt bei der Abtei befindet sich der Aboreto di Vallombrosa. In rund 950 Metern Höhe ist hier nicht einfach nur ein Wald zu erwandern, sondern Italiens wichtigste Sammlung für wissenschaftlich nutzbare Pflanzen mit rund 5000 verschiedenen Exemplaren, unterteilt in mehr als 700 Arten. Gegründet wurde die Forschungsanstalt 1870 von dem in Deutschland geborenen Adolf von Berenger, dem ersten Direktor des königlichen Forstinstituts in Vallombrosa.

INFO

ERFRISCHUNG NUR FÜR WANDERER

Vom Kloster aus lässt sich ein hinreißend schöner Wanderweg unternehmen, rund 13 Kilometer lang, für den man zirka fünf Stunden veranschlagen sollte. Die mittelschwere und gut ausgeschilderte Route führt vom Kloster aus in den Südosten nach Bagno di Cetica. Die Strecke passiert den Monte Secchieta und folgt von dort aus weiter einem uralten Pfad, den die Bauern jahrhundertelang in dieser Gegend nutzten. Der Wanderweg endet bei den sogenannten Bädern von Cetica, umgeben von dichten Wäldern und kleinen Bächen. Toskanische Natur pur und fast ohne Tourismus! Dieser Ort mit seinen kalten Wasserquellen war schon bei den Römern bekannt und wurde noch im Mittelalter als Thermenanlage für Kuren genutzt. Ein eindrucksvolles Zeugnis der Badekultur durch mehrere Jahrhunderte!

WEITERE INFORMATIONEN

Abbazia di Vallombrosa, monaci.org
nelvaldarno.it
ilbelcasentino.it, diese Website in deutscher Sprache gibt Auskunft über Sehenswürdigkeiten bei der Abtei Vallombrosa.

↑ Ein schöner Wanderweg führt vom Kloster aus nach Bagno di Cetica.
← Mitten im Wald liegt die beeindruckende Anlage von Vallombrosa.

14

TRENO DI DANTE – LITERARISCHE ZUGFAHRT

PER LOK ZUM DICHTER

Viele Fahrgäste haben die »Göttliche Komödie« im Gepäck. Reiseführer an Bord erklären den Zugreisenden, wie es zum Exil Dantes kam und was er wo über seine Verbannung notierte. Eine Eisenbahnfahrt mit viel Hintergrund also und zugleich eine ausgefallene Idee – nicht nur zum 700. Dante-Todesjahr 2021.

Florenz, Hauptbahnhof Santa Maria Novella. Eine alte Lokomotive setzt sich gemächlich in Bewegung. Sie zieht einige historische Waggons. Jedes Abteil hat einen eigenen Eingang vom Bahnsteig aus – wie das in früheren Zeiten üblich war. Der Zug fährt von Florenz aus langsam nach Ravenna in der benachbarten Region Emilia Romagna. Die alte Gleisstrecke, die für den sogenannten Treno di Dante, den Dante-Zug, reaktiviert wurde, führt durch Gegenden, die der mittelalterliche Dichter Dante Alighieri 1302 bereiste. Damals wurde er aus politischen Gründen ins Exil vertrieben. Die Fahrgäste sind begeistert von der Tour, einige verkleiden sich sogar als Dante. Natürlich mit einem Lorbeerkranz auf dem Haupt, wie man ihn von den klassischen Dante-Darstellungen her kennt.

Die Fantasie fährt mit

An jedem Wochenende startet der Dante-Zug in Florenz, wo Dante 1265 geboren wurde, um Punkt 8.50 Uhr. Die Endstation Ravenna erreicht man nach rund 150 Kilometern Zugfahrt um 12.20 Uhr. An fünf Stationen wird ein Halt eingelegt. In Borgo San Lorenzo, in Marradi, Brisighella, Faenza und schließlich in Ravenna, wo der Dichterfürst 1321 starb und beigesetzt wurde.

Reisende, die an den einzelnen Stationen historische Gebäude erwarten, in denen Dante wohnte oder wirkte, werden allerdings enttäuscht. In diesen kleinen und malerischen Ortschaften finden sich nur Hinweise auf seine Anwesenheit. Man weiß, dass sich der Dichter hier aufgehalten hat. Man weiß allerdings nicht, wann und wo genau und in welchem der vielen alten Gebäude der Dichterfürst abstieg.

Aus seiner umfangreichen literarischen Hinterlassenschaft haben Dante-Forscher ermitteln können, welche Stationen er während seines langen Exils besuchte und wo er zeitweise wohnte. Bei den Ortschaften, die der Zug abfährt, sind sich die Fachleute einig: Hier kam Dante garantiert vorbei. Der Umstand, dass die Dörfer, in denen der Zug hält, zum größten Teil noch immer aus historischen Gebäuden aus der Zeit Dantes bestehen, sorgt für stimmungsvoll historisches Ambiente. Zumeist sind sie von Wäldern umgeben, was die Dante-Zug-Tour auch zu einem Landschaftserlebnis macht. Die Reisenden bekommen den toskanisch-emilianischen Apennin zu sehen, der selbst vielen Italienern nur wenig bekannt ist. Der Fahrgast kann die Reise an den einzelnen Stationen unterbrechen, auf Dantes Spuren wandeln und die Fahrt am nächsten Tag fortsetzen.

← Los geht's, auf Schienen und den historisch belegten Spuren Dante Alighieris
↓ Garantiert ohne Touristen: das abgeschiedene Kloster Bosco ai Frati

INFO

KOSTBARES KREUZ

Verträumte Toskana und ganz große Kunst finden sich in der Nähe der ersten Station des Dante-Zugs. Haltestelle ist Borgo San Lorenzo, eine kleine Ortschaft mit der eleganten gotischen Kirche San Lorenzo (s. Kapitel 2). Zehn Kilometer nordwestlich erhebt sich in der Umgebung von Scarperia (sehenswert ist der historische Ortskern, der von einer Burg dominiert wird) das von viel Grün umgebene Kloster Convento del Bosco ai Frati. Ein einsamer und zauberhafter Ort! Das Kloster wurde im 6. Jahrhundert gegründet. Ab dem 13. Jahrhundert folgten die Mönche den Glaubenssätzen des heiligen Franziskus. Renaissancearchitekt Michelozzo baute das Kloster im frühen 15. Jahrhundert im Auftrag der Medici um. In der Klosterkirche wird ein hölzernes Kruzifix aufbewahrt, das der Renaissancekünstler Donatello geschaffen haben soll.

WEITERE INFORMATIONEN

iltrenodidante.it
Den Dante-Zug kann man nicht wie einen normalen Zug nehmen: unbedingt vorher Tickets buchen.
boscoaifrati.org

Malerischer geht es nicht mehr: die Kapelle Santa Croce am Strand bei Populonia

DER WESTEN

Bade- und Genusskultur, Theater und Musik – die ganz breite Palette

15

TORRE DEL LAGO – PUCCINI LÄSST BITTEN

FRAUEN, AUTOS UND OPERN

Im Jahr 1891 ließ sich der umschwärmte und international berühmte Komponist Giacomo Puccini in Torre del Lago nieder, nicht weit vom Badeort Viareggio entfernt, am romantisch gelegenen See von Massaciuccoli. Dort lebte er in einer standesgemäßen Villa mit Ehefrau Elvira Bonturi und Personal.

Heute ist in dem großen Gebäude das Museo Villa Puccini untergebracht, ein Mekka für Liebhaber von Puccinis Musik. In der hauseigenen Kapelle wurden er und seine Frau Elvira beigesetzt. Unweit der Villa befindet sich heute ein gigantisches Freilufttheater von zweifelhaftem Geschmack, wo in jedem Juli und August beim Puccini-Festival die Opern des Komponisten in immer neuen Inszenierungen aufgeführt werden. Seit einigen Jahren stehen auch Opern anderer Komponisten auf dem Programm, vor allem zeitgenössischer Musiker, und es werden Konzerte und Liederabende organisiert. Das Gran Teatro all'aperto bietet 3200 Zuhörern Platz. Sehr reizvolle Veranstaltungen werden hier geboten, vor allem natürlich die Opern, die jedoch an heißen Abenden wegen der Mückenschwärme zur wahren Geduldsprobe werden können.

Ein Komponist mit vielen Hobbys

In Torre del Lago, damals noch ein kleiner und verschlafener Ort, frönte Puccini seiner Leidenschaft für schnelle Autos. 1901 kaufte er sich seinen ersten Wagen. Mit den für die damalige Zeit ungewöhnlichen schnellen Fahrzeugen brauste er über die Via Aurelia von Torre del Lago in die mondänen Seebäder Viareggio und Forte dei Marmi. Anfangs besaß Puccini nur Autos, die sich für Ausflüge mit der Familie und Freunden eigneten, aber nicht für die Jagd. Später ließ er sich von Vincenzo Lancia einen Geländewagen nach seinen ganz persönlichen Ansprüchen bauen. Schließlich wurde ihm der erste italienische Geländewagen übergeben, ein ziemlich stabiles Modell, das die damals astronomische Summe von 35 000 Lire kostete.

Wenn er nicht »on tour« oder beim Jagen war, komponierte Puccini im beschaulichen Torre del Lago und verkehrte mit gleichgesinnten Künstlern. In der Ortschaft gründete er zusammen mit Freunden den Club La Bohème. Dort soll auch die gleichnamige Oper entstanden sein. Sie wurde zum ersten Mal in Turin 1896 unter der Leitung des jungen Arturo Toscanini aufgeführt, mit großem Erfolg. Doch dann wendete sich das Blatt: Kurz nach der Wende zum 20. Jahrhundert begann für Puccini eine krisenreiche Zeit. Der Liebhaber schöner Karossen litt lange an den Folgen eines Autounfalls. Auch seine ständigen Affären machten ihm zu schaffen.

Opernreife Szenen

Puccini und die Frauen – das ist eine lange Geschichte. Manon Lescaut und Mimì, Tosca, Cio-Cio-san, Butterfly genannt, Minnie, das Mädchen aus dem goldenen Westen, Turandot – Giacomo Puccini bevorzugte Frauen als Heldinnen seiner Opern, ihre Leiden, ihre Stärke, ihre leiden-

→ Der auf Mittelalter getrimmte Turm gehört zur Villa Orlando in Torre del Lago.

schaftliche Liebe zu einem Mann, während die Männer selbst eher schwach erscheinen. Auch im Privatleben war Giacomo Puccini dem weiblichen Geschlecht nicht abgeneigt. Das erfährt man, wenn man sich mit dem Privatleben des Komponisten in und seinen zahlreichen Frauengeschichten beschäftigt. 1909 kam es zu einem handfesten Skandal. Im Alter von nur 23 Jahren vergiftete sich die Hausangestellte Doria Manfredi, die die Eifersucht von Puccinis Ehefrau nicht mehr ertrug. Obwohl Puccini seit Jahrzehnten mit Elvira Bonturi zusammenlebte, die er nach dem Tod ihres Mannes endlich heiraten konnte, pflegte der Musiker immer wieder außereheliche Beziehungen zu anderen Damen. Berühmt waren Elviras lautstarke Eifersuchtsanfälle – auf die er mit Treueschwüren antwortete, die er dann doch wieder brach.

Doria Manfredi hatte nachweislich kein Verhältnis mit Puccini. Der Komponist hatte die junge Frau beim Jagen mit Freunden in den Sümpfen in der Nähe von Torre del Lago kennengelernt. 1908 komponierte er »La fanciulla del West«, und Doria soll die Muse für dieses Werk gewesen sein. Ehefrau Elvira explodierte vor Eifersucht, machte Doria permanent Vorhaltungen, und kurze Zeit später nahm sich die junge Frau das Leben. Frauengeschichten und dann auch noch ein Beinbruch: jahrelang machte der Maestro vom See nur mit privaten Skandalen von sich reden. Erst 1918 trat er wieder als Musiker auf der gesellschaftlichen Bühne in Erscheinung. An der Metropolitan Opera in New York wurde »Il Trittico« uraufgeführt, also die drei Kurzopern »Il Tabarro«, »Suor Angelica« und »Gianni Schicchi«. Die drei Werke hatten unterschiedlichen Erfolg: »Gianni Schicchi« galt als die beliebteste.

Turandot und plötzlicher Tod

Ein Märchenstoff des venezianischen Autors Carlo Gozzi inspirierte Puccini zu seiner letzten Oper, »Turandot«. Die Arbeiten an diesem Werk begann der Maestro allerdings nicht in Torre del Lago, sondern im nahen Seebad Viareggio. Bis in den Sommer 1924 hinein schrieb Puccini an dieser Oper, bis er gezwungen war, sich in einer Spezialklinik in Brüssel behandeln zu lassen, in der vagen Hoffnung, dort von einem Krebsleiden geheilt zu werden. Doch für den starken Raucher kam jede Hilfe zu spät: Puccini starb am 29. November 1924 an Kehlkopfkrebs. Die Gebeine des Verstorben wurden in der privaten Kapelle seiner Villa in Torre del Lago beigesetzt. Heute besuchen den Ort Opernliebhaber aus aller Welt. Der italienische Duce Benito Mussolini verhängte Staatstrauer. Knapp zwei Jahre später, am 25. April 1926, kam die unvollendete »Turandot« unter der Leitung Toscaninis an der Mailänder Scala auf die Bühne. Nach Puccinis Tod und mit der Verbreitung auf ersten Tonträgern wurden seine Kompositionen zu den am meisten aufgeführten Werken der Operngeschichte. Wohl auch deshalb, weil Puccini wie nur wenige andere Musiker seiner Zeit Frauenschicksale dramatisch und musikalisch derart verdichtete, dass im wahrsten Sinn des Wortes kein Auge trocken bleibt.

↗ Meeresfrüchte frisch zubereitet und vom Imbiss-Boot verkauft in Viareggio
↖ Vom und am großen Lago di Massaciuccoli ließ sich der Maestro inspirieren.
← Puccini-Denkmal im nahen Lucca, der Geburtsstadt des Komponisten

INFO

STRÄNDE FÜR JEDEN GESCHMACK

Die ausgedehnten Sandstrände bei Torre del Lago eignen sich ideal zum Ausspannen. Da sind zunächst einmal die herausgeputzten eleganten Strandbäder bei dem immer noch feinen Badeort Viareggio, ein schmuckes Städtchen mit allem Badekomfort. Lockerer und vor allem gratis geht es an den Stränden südlich von Viareggio zu. *Spiagge libere*, sogenannte »freie Strände«, wo man sich sein Badetuch und einen Sonnenschirm selbst mitbringen muss. Der Strand an der Casermetta liegt zauberhaft idyllisch und ohne Bebauung da. Zu erreichen sind die Bade-Locations nur zu Fuß. Auch Marina di Vecchiano und der Strandabschnitt Oasi di Marco Polo gelten noch als echte Geheimtipps – weitläufige, sehr feine Sandstrände, an denen man flach ins Wasser gelangt, also ideal für Kinder. Hier ist es auch in der Hochsaison nie überlaufen. Ein kilometerlanger Strand mit einer Bar und einer Pizzeria und sonst nichts, paradiesisch.

WEITERE INFORMATIONEN

Besichtigung der Villa Puccini, giacomopuccini.it
puccinifestival.it
Besonders reizvoll: zwei Puccini-Tage in Torre del Lago mit einem Besuch der Freilichtoper und einer Besichtigungstour durchs Komponistenhaus
versilia.org

Strände ohne Ende nicht weit von Torre del Lago

16

SAN PIERO A GRADO – PETRUS' PLATZ

BASILIKA MIT REICHER VERGANGENHEIT

In etwa sieben Kilometer Entfernung von Pisa erhebt sich eine Basilika, ganz klassisch-elegant gestaltet und zart bemalt. Einst befand sich in der Nähe ein Ableger des antiken Pisaner Meerhafens am Fluss namens Grado, an dem der Überlieferung zufolge der heilige Petrus im Jahr 44 n. Chr. an Land gegangen sein soll.

Das Gebäude fällt zum einen durch seine gleichmäßige Schönheit auf, aber auch durch ein besonderes Merkmal: Statt einer Fassade hat es halbkreisförmige Apsiden, sodass sich der Eingang an der Seite befindet. Vor der Basilika standen im Laufe der Jahrhunderte weitere Gebäude, wie archäologische Ausgrabungen auf dem Gelände belegen. Das heutige Bauwerk wurde im 11. Jahrhundert vollendet. Die Außenwand der dreischiffigen Basilika wird von Pilastern unterbrochen – das lockert die flache Einheitlichkeit elegant auf. Unterhalb der Tropfkante des Dachs ziehen sich Hängebögen entlang, über denen Keramikschalen unterschiedlicher Herkunft angebracht sind. Allesamt Kopien: Die Originale werden im Museum San Matteo in Pisa aufbewahrt.

Das Innere besticht durch seine Weite und Stille und zieht Besucherinnen und Besucher sofort in seinen Bann. Es ist die schlichte Schönheit der alten Basiliken, die einen die tiefe Religiosität der Schöpfer der ersten christlichen Gebäude erahnen lässt. Das Dach mit Holzbalken ist durch schmucklose Säulen mit klassischen Kapitellen in drei Schiffe unterteilt. An der Westseite erinnert ein gotisches Ziborium aus dem 14. Jahrhundert an den Ort, an dem Petrus zum ersten Mal gepredigt haben soll.

Eine Lücke im Ensemble

Im Innern der Petruskirche finden sich entlang der Wände prachtvolle Fresken, die im 14. Jahrhundert von Deodato Orlandi aus Lucca gefertigt wurden. Den Auftrag dazu hatte die bedeutende Pisaner Familie Caetani anlässlich des im Jahr 1300 von Papst Bonifaz VIII. ausgerufenen Heiligen Jahres gegeben. Die Darstellungen spielen sich auf drei übereinander liegenden Ebenen ab. Im unteren Teil sind Porträts von Päpsten, vom Heiligen Petrus bis Johannes XVII., zu sehen. Im mittleren Bildbereich werden Geschichten aus dem Leben des Petrus und Episoden aus den Leben von Paulus, Konstantin und Sylvester dargestellt. Im oberen Band schließlich versuchten sich die Künstler an der Wiedergabe der Mauern des himmlischen Jerusalems. An den anderen Wänden und in den Apsiden sind weitere bildliche Zeugnisse erkennbar, die leider nicht perfekt zu sehen sind, aber sicherlich die Spiritualität der damaligen Zeit widerspiegeln. Die Basilika weist noch eine Besonderheit auf: Sie hat keinen Glockenturm. Der wurde am 22. Juli 1944 bei einem alliierten Luftangriff zerstört. Nach dem Krieg hat man zwar mit dem Bau eines neuen Glockenturms begonnen, doch die Arbeiten wurden nie fertiggestellt.

INFO

PRÄSIDENT IM PARK

Nach so viel Kultur ruft die Entspannung in ein zauberhaftes und naturbelassenes Naturschutzgebiet, nur einen Katzensprung mit dem Auto entfernt. Der Parco Naturale di Migliarino, San Rossore, Massaciuccoli bietet saubere und einsame Sandstrände und Dünen sowie die regionaltypische Flora mit vielen dicht beieinander stehenden Pinien, die bis ans Meer wachsen. Der Park erstreckt sich über 23 000 Hektar Fläche und verfügt über einen See und einige Flüsse, und er ist der Lebensraum vieler Tiere. Im Park befindet sich eine Residenz des italienischen Staatspräsidenten, die Tenuta Presidenziale di San Rossore. Sie ist integraler Bestandteil des Naturschutzparks und kann ebenfalls besichtigt werden. Zudem locken zahlreiche Wanderwege, aber auch Touren mit dem Fahrrad, mit Kutschen und Booten.

WEITERE INFORMATIONEN

sanpieroagrado.it
parks.it, auch auf Deutsch
parcosanrossore.it
Vor dem Parkbesuch empfiehlt sich die Anfrage, ob wegen Unwetterfolgen geschlossen ist.

↖ Fast komplett mit original erhaltenen Malereien geschmückt: San Piero a Grado
↑ Die alten Schirmpinien im Präsidentenpark erreichen eine Höhe bis zu 25 Metern.

17

LUCCHESER VILLEN – FEINE FERIEN

KÜHLE SOMMER AUF DEM LAND

Sie wirken wie kostbare Schatzkästchen, elegant und reich verziert. Die Landresidenzen haben Loggien, Türmchen und verschiedenartigste Treppenformen. Brunnen und Gärten und der uralte Baumbestand verschafften den Reichen Kühlung.

Die Rede ist von den Villen und Sommerresidenzen der Aristokraten und reichen Bürger von Lucca. Sommerhäuser, wenn man so will, die im 17. und 18. Jahrhundert entstanden. Sie befinden sich außerhalb von Lucca in seinem Talkessel, in dem es in den Sommermonaten sehr heiß werden kann. Wer es sich erlauben konnte, ließ sich eine solche Sommervilla in den Hügeln nördlich der Stadt bauen – bequem mit dem Pferd oder mit einer Kutsche in nur kurzer Zeit zu erreichen und vor allem in frischer und meist kühlerer Luft.

Architektonische Trickkiste

Die Villa Mansi gehört zu diesen Sommersitzen. Das Landhaus, ein echter Euphemismus, befindet sich in Segromigno in Monte, einem Dorf bei der Ortschaft Capannori, nicht weit von Lucca entfernt. Die Gräfin Felice Cenami zog es Mitte des 17. Jahrhunderts hinaus aus dem damals sehr lebhaften Lucca mit seiner stickigen Luft. Die Signora besaß bereits eine Villa bei Segromigno. Dieses Gebäude ließ sie von ihrem Architekten Muzio Oddi aus- und umbauen. Dem vormalig rechteckigen Haus wurden, ganz nach dem Geschmack der Zeit, zwei seitliche Flügel hinzugefügt. Sie springen etwas hervor, gliedern damit die Front und die Fassade und vergrößern optisch das gesamte Gebäude.

Einen erneuten Umbau erfuhr die Villa Mansi durch Ottavio Mansi. Der Spross einer reich gewordenen Seidenhändlerfamilie aus Lucca erwarb das Bauwerk von den Cenamis. Er ließ den mittleren Gebäudeteil um ein Stockwerk erhöhen und setzte vor diese mittlere Fassade eine hohe und einladend wirkende Loggia. Zu ihr führt jeweils rechts und links eine Treppe. Die Balustraden auf dem Dach sind mit Skulpturen geschmückt. Der Gesamteindruck ist ungemein elegant und raffiniert. Ein Nachkomme Ottavios entschied, dass der Hauptsaal mit einem Triumph des Sonnengotts als Deckenfresko geschmückt werden sollte. Der Maler Stefano Tofanelli schuf dieses Fresko und zählte seitdem zu einem der wichtigsten und begehrtesten Maler des toskanischen Neoklassizismus.

Filippo Juvarra war einer der ganz großen italienischen Barockarchitekten, der vor allem in Turin und Umgebung eindrucksvolle Adelsresidenzen schuf. Er entwarf in den 1720er-Jahren den prächtigen Barockgarten mit Buchsbaumeinfassungen, Terrassen, Brunnen und Wasserspielen. Schade, dass mit der englischen Mode des wie naturbelassen wirkenden Landschaftsgartens diese grüne Barockpracht zum großen Teil weichen musste. Und so wurden weite Wiesen, seltene Nadelhölzer und exotische Blumen

← Hochherrschaftliche Sommerfrische bei Lucca: die Villa Marlia. Die »königliche« Villa gilt als eine der wichtigsten historischen Residenzen Italiens.

← Ein barocker Brunnen plätschert im weitläufigen Park der Villa Reale di Marlia.
↙ Künstliche Grotte für erfrischende Auszeiten in der Villa Torrigiani
↘ Der Garten der Villa Mansi bei Capannori folgt den Ideen englischer Landschaftsparks.

gepflanzt. Es dominierten Kamelien in allen nur denkbaren Farben. Man findet sie noch heute in vielen Parkanlagen der Luccheser Villen.

Eine Villa wie ein Bühnenbild

Ganz anders, weil weniger dekoriert und verspielt, wirkt dagegen die Villa Oliva bei San Pancrazio. Eine rechteckige Fassade mit einem leicht schrägen Dach und einer weiten Loggia, die bis zum zweiten Stockwerk hin offen ist und von sechs grauen Säulen getragen wird. Die Renaissancevilla aus dem Jahr 1593 war die Sommerresidenz der Familie Buonvisi, Feriensitz auch der Kardinäle aus dieser berühmten Luccheser Familie.

Ein Triumph an Skulpturenschmuck und auch an Höhe ist die Villa Torrigiani in Capannori. Sie gilt als eine der prächtigsten und architektonisch szenografischsten Landresidenzen des Luccheser Adels. Auch sie gehörte der Familie Buonvisi. Doch erst der neue Eigentümer, ein gewissen Nicolao Santini, ließ die barocke Hauptfassade Ende des 17. Jahrhunderts gestalten: ein robust wirkender Unterbau, das Erdgeschoss, über dem sich zwei Stockwerke erheben. Die Hauptfassade ist unten wie oben jeweils von einer Loggia durchbrochen. Die obere Loggia ist höher als die untere, was den Eindruck erweckt, als würde die Fassade in die Höhe schießen. Dieser Effekt wird zusätzlich durch ein viertes Geschoss auf dem Dach erzielt, das aber weniger breit als der Unterbau ist. Darüber wacht ein kleiner Turm mit einer Skulptur. Reizvoll ist der polychrome Charakter der Fassade, die aus mehrfarbigem Gestein gestalten wurde. Klar, dass auch zur Villa Torrigiani ein prächtiger Park gehört.

Für Élisa

Klassizistisch streng und elegant geordnet präsentiert sich die gar nicht verspielt wirkende Fassade der Villa Reale in der Ortschaft Marlia. Im 9. Jahrhundert befand sich an der Stelle der Villa eine Burg, dann ein Landhaus der Renaissance, und schließlich baute der Luccheser Adlige Lelio Orsetti eine prächtige barocke Landvilla. Den letzten Schliff erhielt das mächtige Bauwerk im frühen 19. Jahrhundert, als es Eigentum von Élisa Bonaparte Baciocchi wurde. Élisa war eine Schwester Napoleons. Gegen den Willen ihres Bruders heiratete sie den korsischen Adligen Félix Baciocchi. Als Napoleon Kaiser wurde, bildete er für sie und ihren Mann das Prinzentum Lucca und Piombino.

Es musste also eine königliche Villa her, und so entstand die Villa Reale di Marlia. Das existierende Gebäude wurde ganz nach dem Geschmack des Empire umgebaut. Doch dann wurde Napoleon gestürzt und Élisa hochschwanger aus ihrer Residenz vertrieben. Die Bourbonen und Herzöge von Lucca beanspruchten den Besitz. Mit der italienischen Staatseinigung gelangte die Villa in den Besitz der italienischen Könige. Heute gehört sie einem Schweizer Ehepaar.

INFO

BAROCKES RIESENKLOSTER
Rund 30 Kilometer südlich von Pisa macht sich ein Kloster breit, gewaltig wie ein Schloss. Die Certosa di Pisa steht bei ausländischen Reisenden nur selten auf dem Programm. Die große Anlage geht auf das 14. Jahrhundert zurück, erhielt aber ihr heute grandioses Aussehen im 17 und 18. Jahrhundert Die hohe barocke Fassade wird von zwei Treppenrampen flankiert. Der Innenraum mit zahlreichen Seitenkapellen zeigt barocke Gemälde und Wandmalereien sowie einen geometrisch eindrucksvoll gestalteten Marmorfußboden. Wandmalereien des 18. Jahrhunderts zieren auch die Foresteria Granducale, die als Unterkunft für die Großherzöge der Toskana auf Besuch im Kloster errichtet wurde. Im Refektorium fasziniert ein großflächiges »Letztes Abendmahl« aus dem späten 16. Jahrhundert. Das Kloster, das heute zu einem Teil als Naturkundemuseum genutzt wird, einem der ältesten weltweit, bietet auch eine sehenswerte Gemäldegalerie mit toskanischen Meistern von der Renaissance bis ins späte 18. Jahrhundert.

WEITERE INFORMATIONEN
Wissenswertes und Öffnungszeiten aller Villen und Gärten, auch auf Englisch: villeepalazzilucchesi.it
Besichtigung des Klosters und des Museums, msn.unipi.it/en

Ausgemalte Kuppel in der Certosa di Pisa

18

MONTECARLO – VERSTECKTES WUNDER

EIN KURIOSES THEATER

Montecarlo in der Provinz Lucca lässt sich in wenigen Worten beschreiben: schön, malerisch, klein. Keine 4500 Einwohner leben in dieser historischen Ortschaft, die abseits des toskanischen Massentourismus die meiste Zeit des Jahres im Dornröschenschlaf verträumt. Dabei birgt das Städtchen ein echtes Wunder.

Es war der spätere römisch-deutsche Kaiser Karl IV., der Montecarlo gründete, das ja auch seinen Namen trägt: Montecarlo, zu deutsch Karlsberg. Das Wort Berg ist übertrieben, denn die von Weinreben und Wäldern umgebene Ortschaft liegt nur rund 160 Meter über dem Meeresspiegel. Das Dorf wurde als Zuflucht für jene Bürgerinnen und Bürger errichtet, deren Wohnort von den Florentinern infolge einer Schlacht komplett zerstört worden war. Montecarlo geriet unter die Herrschaft Luccas. 1437 wurde es dann erneut von Florenz erobert. Der historische und sehr gut erhaltene Ortskern lohnt einen entspannten Spaziergang. Zu sehen gibt es die Barockkirche Sant'Andrea und eine mächtige Burg, die 1555 von Cosimo I. Medici vollendet wurde. Sie sollte ein für alle sichtbares Zeichen setzen und den Herrschaftsanspruch der Florentiner über Montecarlo und Umgebung manifestieren.

Ein Bau aus Leidenschaft

Und dann gibt es da noch das Teatro dei Rassicurati – ein Theaterunikum, eine architektonische Perle der Toskana. Von außen würde man nie vermuten, dass sich hinter der Fassade, die eher wie ein historisches Wohnhaus wirkt, ein komplettes Theater versteckt. Ein ovaler Saal mit zwei Stockwerken, 28 Logen und 88 Sitzplätzen im Parkett, der Platz bietet für insgesamt 170 Zuschauer. Ein Zwergtheater also. Adlige und Bürger begannen ab dem Ende des 18. Jahrhunderts vor allem in Mittelitalien, sich eigene Theater zu errichten. Mit ihrer Begeisterung für den Belcanto wuchs der kommunale Wille, eigene Bühnen zu besitzen. So verwundert es nicht, dass viele kleine und kleinste Ortschaften heute über Zwergtheater verfügen, die aber nur in wenigen Fällen noch genutzt werden. Das weiter aktive Teatro dei Rassicurati präsentiert sich nach einer Generalüberholung wieder in alter Pracht mit klassizistischen und floralen Dekorationen und mit den Farben Gold und Rot für die Sitze.

1795 wurde das Theater gegründet, und zwar von einer Vereinigung intellektuell und kulturell interessierter Bürger, der sogenannten Accademia dei Rassicurati, der »Akademie der Beruhigenden«. Diese Gesellschaften zeichneten sich oftmals durch kuriose Namensgebungen aus. Über 100 Jahre lang war das Theater ständig in Betrieb. Vor allem Opern und Konzerte sowie Ausschnitten aus Opern wurden hier aufgeführt. Die musikalische Leidenschaft war in jenen Jahren über alle sozialen Schichten hinweg weit verbreitet. Heute wird an diesem zauberhaften Ort Sprech- und Musiktheater gegeben.

← Italien ist ein Eldorado kleiner und kleinster Theater aus dem 19. Jahrhundert.
↓ Dessertwein Vin Santo mit dem traditionellen Mandelgebäck Cantuccini

INFO

ALKOHOLISCHE EMPFEHLUNG

Montecarlo ist wie die ganze Toskana Weinanbaugebiet. Doch die Weine der nördlichen Toskana werden oft verschmäht, weil sie zu sehr im Schatten der großen Namen aus dem Chianti stehen. In Montecarlo kann man sich vor Ort davon überzeugen, dass auch in dieser Gegend ausgezeichnete Tropfen gekeltert werden. Fattoria del Teso heißt einer der besten lokalen Weinproduzenten. Vor allem die roten Weine werden von Kennern geschätzt, wie etwa der Montecarlo Rosso D.O.C. und der Anfidiamante Rosso I.G.T., Weine, die auch international Beachtung finden. In der Cantina kann man die Tropfen verkosten und erwerben. Klar, dass die Fattoria auch den Dessertwein Vin Santo, einen hausgebrannten Grappa und ein geschmacklich intensives Olivenöl im Angebot hat.

WEITERE INFORMATIONEN

Montcarlo, auch deutsch, visittuscany.it
Um zu verhindern, dass man vor verschlossenen Türen steht: im Fall des Kleintheaters vorher anfragen.
fattoriadelteso.it
ristoranteforassiepi.it

19

MONTECATINI TERME – KUREN MIT STIL

FÜR JEDEN DAS RICHTIGE WÄSSERCHEN

Gesund werden und kuren à la carte: Wo Prinzen und Künstler, Politiker und die Großbourgeoisie einst heilende Wasser tranken, kann man es sich bis heute gut gehen lassen. Ein Besuch in Montecatini Terme, das 21000 Einwohner zählt, lohnt vor allem wegen des immer noch spürbaren Charmes vergangener Zeiten.

Alles begann mit Giuseppe Verdi. So ist überall zu lesen. Aber noch bevor Italiens berühmtester Opernkomponist sich vom Stress der Musikszene des 19. Jahrhunderts in die Thermen von Montecatini zurückzog, hatte ein Habsburger die Heilwasser des Städtchens entdeckt und erste Kuranlagen errichten lassen. Nach dem Tod des letzten Medici-Fürsten Gian Gastone im Jahr 1737 wurde Leopold von Habsburg neuer Großherzog der Toskana. Er ließ die Heilquellen ausbauen und machte sie einem größeren Publikum zugänglich. So richtig berühmt aber wurden sie erst, nachdem Giuseppe Verdi jedes Jahr in Montecatini kurte. Mit ihm kam auch der Jetset seiner Zeit: Musiker, Künstler, reiche Bürgersleute und Aristokraten.

Es war schick geworden, durch die eleganten Kuranlagen zu bummeln. Diese Eleganz umfängt die Besucher noch heute. Montecatini Terme ist zwar seit den Fünfzigerjahren des 20. Jahrhunderts kräftig ausgebaut und mit rein zweckmäßigen Hotels und Pensionen ausgestattet worden, jedoch strahlen die alten Anlagen aus dem 19. Jahrhundert immer noch den Glanz vergangener Zeiten aus. Und längst bieten sie auch Wellness an. Schade nur, dass die heutigen Gäste sich nicht so elegant kleiden, wie es damals im Fin de Siècle Mode war. Unser legerer Freizeitlook passt so gar nicht nach Montecatini Terme …

Da ist zum Beispiel die Terme Tettuccio aus den 1920er-Jahren. Ein Traum von einer Kuranlage, ganz aus porösem Travertinstein und mit Hunderten von Säulen errichtet. Hierher kommen nicht nur Menschen mit der Hoffnung auf Genesung, sondern auch Nostalgiker auf der Suche nach der verlorenen Zeit.

Ein Triumph des Liberty-Stils

Die Gebäude und Wandelhallen, in denen aus bronzenen Hähnen das Heilwasser sprudelt, erinnern an Tempelanlagen; ein faszinierender Mix aus Hallen und Prunkfassaden, Statuen und Wandmalereien, aus Kuppeln und dem Rauschen zahlloser Brunnen. Die Traumbauten sind von von einer gepflegten Gartenanlage umgeben, mit Bäumen und ausgedehnten Blumenbeeten. Die Szene ist fast zu schön, um wahr zu sein! Vor allem in Italien, wo man keinen besonderen Wert darauf legt, öffentliche Grünflächen so zu versorgen, wie es ihnen zuträglich wäre.

Die Terme Excelsior von 1915 ist ganz im Liberty-Stil gebaut, so nennt man in Italien den Jugendstil. An Leopold von Habsburg erinnern die 1775 geschaffenen klassischen Anlagen der Terme Leopoldine. Hinreißend schön ist auch die Terme Torretta. Sie wurde einer toskanischen Prachtvilla nachempfunden.

→ In der elegant-klassischen Thermenpracht fühlt man sich fast wie im antiken Rom.

DI SOTTERRA E S' APRE AL CHIARO

Hierher kommen die Kurgäste nach den am Vormittag getrunkenen Heilwässerchen mit den Namen Tamerici, Tettuccio, Regina und Torretta, um das Nachmittagswässerchen zu konsumieren, das Heilwasser Rinfresco. Kostbares Nass aus tiefem Untergrund, das, so versichern Mediziner, bei Erkrankungen der Leber, des Magens und des Darms, der Galle sowie bei Rheuma und Gicht helfen soll. Durch die Thermenluft klingen die sanften Töne der Kurkapelle, die so langsam spielt, dass selbst Gichtkranke mittanzen können. Kurz: Die Atmosphäre ist zauberhaft.

Viele Italiener kommen aber nicht nur zum Kuren nach Montecatini Terme. Das Ambiente ist so elegant, dass sie wie in Cortina d'Ampezzo in den Dolomiten oder auf der Jetset-Insel Capri einfach nur etwas von der mondänen Welt der Kuranlagen, der Luxushotels und der zahllosen Juweliergeschäfte erhaschen wollen. Besuchern, die sich nicht nur dem langsamen Bummeln auf dem 50 Hektar großen Kurgelände hingeben wollen, sondern auch körperliche Ertüchtigung suchen, steht der zwölf Hektar große Parco delle Panteraie zur Verfügung. Hier können von Ärzten individuell erstellte Kurwanderungen unternommen werden. Und wer fit genug ist, trainiert sich auf einem Trimmpfad überflüssige Pfunde ab. Montecatini Terme hat ein wunderbar unzeitgemäßes Flair. Ein Flair, dem man in verschiedenen Hotels nachspüren kann.

Hotels mit Grandezza

Das Grand Hotel & La Pace zum Beispiel ist ein Prachtbau der Belle Epoque. Dieses Haus gilt als eine der schönsten Herbergen ganz Italiens. Klasse, Stil, Eleganz und ein das ganze Jahr hindurch blühender Park sowie ein beheizter Pool machen aus diesem Hotel die erste Adresse am Ort. Luxuriös, aber auch ein bisschen altmodisch geht es im Hotel Tettuccio zu. Dieses komfortable Haus aus dem Jahr 1894 befindet sich direkt vor dem Eingang zur Terme Excelsior. Als bestes Restaurant gilt das Gourmet: Traditionelle Gerichte, wie sie in der Umgebung in den Hügeln von Florenz und an der nicht weit entfernten Meeresküste gekocht werden, machen den Gästen die Auswahl schwer. Auch wenn die meisten Kurgäste anreisen, um ihrem Körper etwas Gutes zu tun, dürfen süße Seitensprünge nicht fehlen.

Unumgänglich ist der Besuch bei Giovannini: Seit Generationen versorgen die Kuchenbäcker dieses Traditionslokals Schleckermäuler mit verführerischen Kalorienbomben. Auch ein Sprung in die Konditorei Bargilli ist ein absolutes Muss. Die warmen und täglich frischen *Cialde* – das sind runde und mit süßer Schlagsahne gefüllte Waffeln oder auch Oblaten – schmecken unbeschreiblich gut. Und wer denkt beim Anblick der Auslagen dieser Konditoreien schon an die kleinen Wehwehchen, die man ja später mit Heilwasser bekämpfen kann? Und so gehört es fast schon zum guten Ton in Montecatini Terme, dass man sich beim Kuren und beim Naschen trifft.

↗ Der Heilwasserausschank in der Tettuccio-Therme vor bunter Kachelkunst
↖ Von wegen nur Kuren: Auch die zahllosen Cafés locken in den Kurort.
← Zu den lokalen Leckereien gehört dieser Schichtkuchen mit Sahne, Eis und Früchten.

INFO

FEINER FISCH

Kuren ist eine Sache, schön essen gehen eine andere. Vermutlich gehört beides zum guten Leben dazu. Deshalb sollte man in Montecatini Terme auch ausgehen. Es gibt viele empfehlenswerte Lokale mit regionaler Kost, das bedeutet: reichlich Nudel- und Fleischgerichte. Aber auch wenn das Meer nicht gerade vor der Haustüre liegt, kann man in der Kleinstadt vorzüglich Meeresfrüchte speisen. Vor allem das Fishing Lab ist den Freunden von Frutti di Mare wärmstens zu empfehlen: sehr reizvoll angerichtete Teller und ungemein leckere Speisen in modernem Ambiente. Es gibt kein festgelegtes Menü, der Gast komponiert zusammen mit dem Kellner seine ganz individuelle Speisenfolge aus den fangfrischen Leckereien der Tagesküche. Natürlich gibt es auch klassische Gerichte der toskanischen Fischküche. Und hinterher ein Dessert – ein wahres Gastro-Erlebnis!

WEITERE INFORMATIONEN

termemontecatini.it
Die Thermenanlagen können gratis besichtigt werden. Bei Interesse und knapp bemessenem Zeitbudget kann man auch verschiedene Anwendungen am gleichen Tag buchen.
fishinglab.it
pasticceriagiovannini.com
rist-anticapieve.it

Fischsuppe mit Zitronensaft im Fishing Lab

20

CHOCOLATE VALLEY – LA DOLCE VITA

DAS ITALIENISCHE SCHOKO-PARADIES

Nirgendwo sonst in Italien kreieren so viele Maestri della Cioccolata so viele fantastisch gute Leckereien: Im »Schokoladen-Tal« in und um Pistoia kommen Schleckermäuler jeden Alters auf ihre Kosten. Sehenswertes gibt es überdies.

Giorgia Corsini bummelt am liebsten nachts durch Pistoia, wenn die Stadt zur Ruhe gekommen ist und die vielen historischen Monumente angeleuchtet werden und wie Bühnenbilder wirken. Vor allem den Domplatz, die Piazza del Duomo, mag sie in den Nachtstunden. Wie riesige Kulissen erheben sich dann in einem Kreis der romanische Dom aus dem 12. und 13. Jahrhundert, das achteckige, ebenfalls romanische Baptisterium sowie das Rathaus, das in einem großen Palazzo aus dem 14. Jahrhundert untergebracht ist. Der nahezu perfekte Eindruck mittelalterlicher Architekturblüte lässt sich natürlich auch tagsüber bewundern. Am besten in einem der Cafés auf der Piazza und am besten bei einer heißen Schokolade oder, wenn es Sommer ist, mit einem *Tè freddo,* einem kalten Teegetränk. Dazu sollte man unter allen Umständen ein wenig Schokolade bestellen.

Schokolade aus Pistoia, der Stadt, in der die verführerische Kakaomasse großes Ansehen genießt. Denn Pistoia, erklärt Giorgia Corsini, gilt unter Schoko-Feinschmeckern als Italiens heimliche Hauptstadt. Nirgendwo sonst in Italien wird so viel hochwertige Schokolade produziert – keineswegs die immer gleich schmeckenden Industrieprodukte, sondern ausschließlich Qualitätsschokolade. Giorgia Corsini ist Pistoiaerin mit Herz und Seele. Ihre Konditorei mit dem Familiennamen Corsini ist ein guter Ausgangspunkt für einen Rundgang durch Pistoia. Das historische Geschäft mit großväterlichem Charme befindet sich an der Piazza San Francesco, wo man auch bequem das Auto parken kann. »Mein Urgroßvater gründete das Geschäft 1918«, berichtet die Schokofachfrau. »Wir stellen die gleichen Produkte her wie damals und verpacken sie auch noch beinahe so wie vor gut 100 Jahren.«

← Meister-Chocolatier Roberto Catinari mit einer Kakaobohne, Grundlage der Schoko-Boutiquen in Pistoia und Umgebung

Feiner Genuss und große Kunst

Nur einen Katzensprung vom Corsini entfernt erhebt sich die Kirche Sant'Andrea: Ein Gotteshaus im strengen Stil des 12. Jahrhunderts mit dem Pulpito, der Kanzel, einem Meisterwerk des bedeutenden Bildhauers Giovanni Pisano aus dem späten 13. Jahrhundert. In der Via delle Pappe passieren die Besucherinnen und Besucher das Ospedale del Ceppo, ein original erhaltenes mittelalterliches Krankenhaus. Nahe beim Domplatz bietet auch die Kirche San Giovanni Fuorcivitas mittelalterliche Kunst, darunter einen Flügelaltar von Taddeo Gaddi aus dem 14. Jahrhundert. Stille Gassen und kleine Trattorien wie La BotteGaia an der uralten Piazza della Sala oder Baldo Vino an der Piazza San Lorenzo zeigen noch jene Toskana, in der Würstchenbuden und Hamburger-Imbisse als Geschmacksverirrungen gelten. Wo regionale Gerichte zu den besten lokalen Tropfen serviert werden und Schickimicki fehl am Platz ist. In Pistoia liebt man die gute Küche – vor allem aber die *Dolcetti*, das Süße. Stadt und Umgebung werden inzwischen auch Chocolate Valley genannt, Schokoladental. Nirgendwo sonst, weiß Giorgia Corsini, »leben so viele Meister der Kakaomasse auf so engem Raum zusammen«.

Die Qual der Wahl

Das ist nicht übertrieben: In keinem anderen Ort Italiens können Besucher neben den zahlreichen historischen Gebäuden so viele unterschiedliche Schokoladengeschäfte aufsuchen wie in Pistoia. Dazu gehört die Boutique Cioccolato & Company von Fabio Moschini und Adria Grazzini. Ihre Spezialitäten sind Pralinen, die mit Gewürzen gefüllt sind.

Adria Grazzini ist mit einem Marokkaner verheiratet und reist häufig nach Casablanca, um bei den dortigen Händlern auf den Märkten besonders geschmacksintensive Gewürze zu erwerben, die dann in der eigenen Konditorei verarbeitet werden. »Unser Verkaufsschlager«, so lautet die köstliche Empfehlung Fabios, »ist eine Praline mit Skingbir aus Marokko, das ist eine Art Ingwer«.

Keine zehn Autominuten von Pistoias würzigen Schokoschätzen entfernt, in der benachbarten Ortschaft Monsummano Terme, führt Andrea Slitti interessierte Gäste durch seinen unwiderstehlichen Laden, wo es derart intensiv nach Schokolade duftet, dass man gar nicht weiß, was man zuerst probieren soll: die Schokocremes oder die Pralinen, die Schokoladen mit Earl-Grey- und grünem Tee oder aber die Teelöffel aus purer Schokolade, die man – direkt an der hauseigenen Kaffeebar – in eine Tasse heißen Kaffee stellt, damit sie sich auflösen und dem Getränk einen fantastischen Geschmack verleihen.

Verführerische Tipps

So unterschiedlich die vielen historischen Kirchen Pistoias in Ausstattung und Baustil sind, so verschieden sind auch die Auslagen der Chocolatiers in Italiens Schokoladenhauptstadt. Das urige und mit Schokowaren bis unter die Decke vollgepfropfte Geschäft Roberto Catinari Chocolate Art liegt an der Ausfallstraße Richtung Florenz. Keine 20 Meter entfernt können Neugierige die Werkstatt besichtigen – ein zauberhafter Ort nicht nur für schokoladenversessene Kinder. Hier bereiten etwa ein Dutzend Personen rund um die Uhr Pralinen und andere Leckereien zu. Eine Angestellte, selbst Schokoladenfachfrau, verrät, wo man eine richtige gute heiße Schokolade in Pistoia trinken kann. »Bei ‚Valiani'«, schießt es ihr aus dem Mund. In dem historischen Kaffeelokal, nicht weit vom Dom entfernt, wird eine heiße Schokolade serviert, die wirklich umwerfend gut schmeckt. Generell gilt: Keine Bar und keine Konditorei, die auf sich hält, serviert industriell gefertigte Produkte. Und man darf sich sicher sein: Wenn eine Bar voll mit Italienern ist, die heiße Schokolade trinken, dann ist diese hausgemacht.

↗ Altes Rathaus, Piazza und das mittelalterliche Baptisterium im Herzen Pistoias
← Schokopralinen mit Walnüssen verführen in der Auslage eines Ladengeschäfts.

INFO

KERKER-KOST

In Pistoia isst man aber nicht nur Schokolade. Es gibt einige wirklich herzhaft leckere Gerichte, die ortstypisch sind und die man deshalb hier probieren sollte. Wie etwa oder vor allem: il Carcerato. Zu deutsch meint das einen Gefängnisinsassen. Der Name erklärt sich durch den Umstand, dass das alte Gefängnis von Pistoia einst von den städtischen Fleischergeschäften umgeben war. Die Gefangenen baten die Fleischer um die Reste ihrer Waren, die sonst weggeworfen wurden. Daraus entstand im Gefängnis eine Suppe, sehr deftig und sehr nahrhaft, die zu einer örtlichen Gastro-Besonderheit wurde und heute in vielen Lokalen serviert wird. Dieses Gericht besteht aus gekochten Innereien, aus altem Brot, geriebenem und kräftig schmeckendem Schafskäse, Möhren, Zwiebeln, Sellerie, Salz, Basilikum und Pfeffer. Nichts für Zeitgenossen mit sensiblen Mägen, aber wer die Bestellung wagt, der bekommt eine fantastisch schmeckende Suppe vorgesetzt!

WEITERE INFORMATIONEN

robertocatinari.it
slitti.it
Cioccolato & Company, Via Bruceto 4, Massa e Cozzile
brunocorsini.com
Tipp: Bei fast allen Chocolatiers kann man gratis probieren.

Zum Suppen-Genuss muss heute keiner mehr in den Knast.

Beinahe komplett romanisch, wäre da nicht die reich geschmückte barocke Apsis in der Kathedrale San Zeno in Pistoia

21

PESCIA – EINE ENTDECKUNG WERT

DER SCHATTEN VON COLLODI

Bereits die Langobarden errichteten eine erste Siedlung auf dem Gebiet des späteren Pescia. Der Name bedeutet in der Sprache der Langobarden schlicht »Fluss«. Die überaus reizvolle Stadt, in der heute knapp 20 000 Menschen leben, war lange Zeit ein Zankapfel zwischen den beiden mächtigen Stadtrivalinnen Lucca und Florenz.

Die Landschaft erinnerte den Genfer Historiker Jean-Charles-Léonard Simonde de Sismondi an seine Heimat. Der Hugenotte im toskanischen Exil machte ihre Schönheit nach seiner Rückkehr in die Schweiz unter seinen Landsleuten berühmt. Pescia liegt umgeben von viel Natur nicht weit von Pistoia entfernt. Ausländische Touristen verschlägt es nur selten hierher. Ihnen entgeht so der ganze Charme einer zauberhaften Altstadt. Dort zieht zunächst der Dom alle Blicke auf sich. Sein heutiges Aussehen erhielt er im späten 17. Jahrhundert. Der direkt neben der barocken Fassade aufragende romanische Glockenturm, ein kurioser architektonischer Gegensatz, stammt noch aus der Zeit des Vorgängerbaus, aus dem frühen 13. Jahrhundert. Im Kircheninnenraum sind Mausoleen aus der Renaissance zu sehen. Das vielleicht schönste mittelalterliche Kunstwerk Pescias befindet sich in der ursprünglich gotischen Kirche San Francesco: Beim dritten Nebenaltar auf der rechten Seite wird ein wertvolles Tafelbild des Malers Bonaventura Berlinghieri von 1235 aufbewahrt. Es zeigt den Namensgeber der Kirche.

Das Stadtzentrum markiert die Piazza Mazzini. Den Platz säumen eindrucksvolle Privatgebäude aus verschiedenen Epochen sowie ein Oratorium aus der Mitte des 15. Jahrhunderts. Das Museo Civico zeigt eine Sammlung toskanischer Gemälde aus der Zeit des 14. bis 15. Jahrhunderts.

Faschistische Impulse

Im Zweiten Weltkrieg zerstörten alliierte Bomben den berühmten alten Blumenmarkt. Der Neubau des Mercato dei Fiori Vecchio aus dem Jahr 1951 gilt als Meisterwerk des sogenannten rationalistischen Stils, der während des Faschismus entstand und etliche Anleihen beim deutschen Bauhausstil nimmt. Eine Adresse für Liebhaber moderner Architektur! Sie sollten auch die Cappella Scaglietti-Arcangeli auf dem Friedhof im Ortsteil Collodi besuchen. Der runde Bau aus den frühen 1970er-Jahren ist eines der Meisterwerke von Giovanni Michelucci, einem der wichtigsten italienischen Architekten des 20. Jahrhunderts. Michelucci wurde zur Zeit des Faschismus berühmt. In jener architektonisch avantgardistischen Epoche entstand auch die Casa del Littorio, ein von den Stilvorgaben des italienischen Art déco bestimmtes Bauwerk. Tatsächlich aber zieht Collodi, der berühmteste Stadtteil Pescias, bis heute die meisten Besucher an – wegen des Pinocchio-Parks und der mitten im Stadtteil gelegenen Villa Garzoni. Sie gehört samt ihrem Park zu den prächtigsten Landhäusern in der Region.

INFO

PERLEN DER UMGEBUNG

Nicht weit von Pescia entfernt liegt Altopascio, eine bescheidene und nur wenig beachtete Ortschaft, am wichtigsten italienischen Pilgerweg, der Via Francigena. Im Mittelalter befand sich in Altopascio ein großes und bekanntes Pilgerhospital aus dem 11. Jahrhundert, im 18. Jahrhundert wurde es geschlossen. Erhalten blieben von der einst eindrucksvollen Anlage eine mittelalterliche Befestigung und eine Kirche. Aus dem 10. Jahrhundert stammt die erstaunlich intakte romanische Badia di San Pietro, die im Mittelalter eine mächtige Abtei war. Im pisanischen Baustil präsentiert sich die zu einem Teil schwarz-weiß-gefärbte Fassade der Chiesa di Santi Jacopo, Cristoforo ed Eligio. Eine herrliche romanische Fassade! Der Hauptplatz von Altopascio ist wie die gesamte Altstadt komplett erhalten geblieben. Hier sind Touristen noch eine Ausnahme – ein reizvoller Ort für Spaziergänge.

WEITERE INFORMATIONEN

commune.pescia.pt.it, auch auf Deutsch
www.pinocchio.it, alle Informationen zum Besuch des berühmten Parks

← Palazzi aus Mittelalter und Renaissance: die Altstadt im pittoresken Pescia
↑ Barocke Kirche mit romanischem Glockenturm in Altopascio

22

PISA – EIN SCHATZ AUS DER ANTIKE

ANTIKE BO(O)TSCHAFTER

Im schlammigen Boden der Pisaner Küste wurde vor Jahren eine fast 2000 Jahre alte archäologische Sensation geborgen: eine ganz Flotte altrömischer Schiffe, fast perfekt erhalten. Heute hütet das Museo delle Navi Antiche die uralten Schätze. Die Schiffe wirken wie Botschafter einer längst vergangenen glanzvollen Zeit.

Das Schiff ist rund 13 Meter lang und stammt aus der Zeit von Kaiser Augustus – ohne Zweifel handelt es sich um einen der bedeutendsten Funde, die bei Pisa gemacht wurden. Es ist weitgehend komplett erhalten geblieben. Sein Name lautet »Alkedo«, Möwe. Die »Möwe« ist der ganze Stolz des neuen Museums, das in den ehemaligen Medici-Arsenalen untergebracht ist. Dieses Handelsschiff, erfährt der Museumsbesucher, war der Ferrari jener Epoche, ein besonders schnelles und wendiges Boot, und somit perfekt geeignet für den Handel auf dem Mittelmeer zwischen den verschiedenen Küsten des damals immens großen Römischen Reichs. Die »Möwe« ist nur eines von rund 30 Schiffen aller Art, die 1998 zufällig bei Bauarbeiten in der Nähe des Bahnhofs Pisa San Rossore im Erdreich entdeckt wurden. Die von Arbeitern herbeigerufenen Archäologen stellten bald fest, dass es sich nicht um einen Einzelfall handelte, sondern um den größten jemals in Italien gemachten Fund römischer Schiffe.

Komplizierte Rettung

Nach dem ersten Fund 1998 wurden die Reste der anderen Schiffe gehoben. Sämtliche ausgegrabenen Boote stammen aus der Römerzeit. Und sämtliche Schiffe befanden sich nicht in einem heute vergessenen Hafen, sondern an der Kreuzung eines antiken Fährkanals mit dem Fluss Serchio. Dort wurden sie Opfer von Überschwemmungen des Flusses Arno. Das führte dazu, dass die hölzernen Schiffe und ein guter Teil ihrer Takelagen so erstaunlich gut erhalten blieben, denn sie versanken im feuchten und sauerstoffarmen Erdreich. So wurden rund 700 Jahre Schifffahrtsgeschichte wie durch ein Wunder vor dem Verfall gerettet. Um die einzigartigen Schiffsfunde für die Nachwelt zu retten, musste die Feuchtigkeit erhalten werden, in der die antiken Hölzer jahrhundertelang ruhten. Nur so konnte das Austrocknen und somit der Verfall des natürlichen Gewebes verhindert werden. Das erforderte den Bau hochkomplexer Konstruktionen über den Fundstellen.

Das Museum der antiken Schiffe erstreckt sich über mehr als 3000 Quadratmeter, es umfasst 47 Säle und thematisiert die Themen »antike Schifffahrt«, »Handel« und »Handelswaren« in acht Sektionen. Zu sehen sind nicht nur die Reste der Schiffe, sondern auch original große Rekonstruktionen und verschiedenste Handelswaren, wie aufwändig gestaltete Glasprodukte aus Germanien, seltener Marmor aus Ägypten und kostbarer Schmuck aus dem Nahen Osten. Der Schlamm hat sie für die Nachwelt bewahrt!

← Wie und womit fuhren die alten Römer zur See? Italiens einziges Schiffsmuseum zur Antike gibt umfangreich Auskunft.
↓ So wird die Pasta in Italien getrocknet.

INFO

AUS TRADITION LECKER

In Pisa gibt es einige gastronomische Spezialitäten, die man probieren sollte, wie etwa *Anguille in ginocchioni*. Das sind frittierte Aale, die in Tomatensoße zubereitet werden. *Baccalà coi porri* ist ein Stockfischgericht, in der Regel gegrillt, serviert mit Tomaten oder Porree. Als Klassiker, auch wenn dieses Gericht inzwischen an vielen Orten in Italien auf den Speisekarten steht, gelten die *Pasta e ceci*. Dieses traditionelle Pisaner Gericht wird in der Regel aus kurzen Nudeln und ganzen Kichererbsen gekocht. Ein herzhafter erster Gang während der Mittagspause, um wieder zu Kräften zu kommen. Auch die selbstgemachten Nudeln Marke Martelli sind ein Gedicht. Und wo kann man all diese Spezialitäten in Pisa verkosten? Zum Beispiel in der Trattoria Da Stelio an der zentralen Piazza Dante Alighieri. Oder in der Antica Trattoria Il Campano in der Via Domenico Cavalca.

WEITERE INFORMATIONEN

Schiffsmuseum, auch auf Englisch, navidipisa.it
trattoriadastelio.it
ilcampano.com

23

VIRGO – ZURÜCK IN DIE ZUKUNFT

WO MAN DEM WELTRAUM DEN PULS FÜHLT

In Pisa gibt es eine wissenschaftliche Attraktion erster Güte, aber diese Location ist so gut wie unbekannt: Virgo heißt das moderne Laboratorium, in dem das Weltall erforscht wird. Hier sind Wissenschaftler jenen Wellen auf der Spur, die Auskunft darüber geben, wie sich der Raum zusammenzieht und ausdehnt.

Wir hoffen, mithilfe der Gravitationswellen noch mehr im Dunkel des Weltalls entdecken zu können«, erklärt Giovanni Losurdo, Astrophysiker am Virgo-Laboratorium, während einer Führung. »Was genau wir entdecken können, wissen wir nicht, und das macht die ganze Sache so spannend.« Losurdo forscht am Observatorium für Gravitationswellen bei Pisa. Einer von bisher drei Orten weltweit, an denen diese mysteriösen Wellen gemessen werden, die, um es möglichst einfach auf den Punkt zu bringen, durch beschleunigte Massen im Weltraum ausgelöst werden. Es war Albert Einstein, der 1916 die Existenz dieser Wellen in seiner Relativitätstheorie annahm. Losurdo gehört zum Team von 280 Forschern aus verschiedenen europäischen Staaten, die in Pisa zusammenarbeiten. Im Virgo steht ein Interferometer, das größte Europas. Mit einem solchen Gerät können Längenunterschiede von Gravitationswellen sehr genau bestimmt werden. Dabei wird die Wellenlänge des Lichts als Maßeinheit genutzt.

Das Zittern des Weltalls

Virgo ist mehrere Kilometer groß und hypergenau. Das Infrarotlicht eines 200 Watt starken Lasers wird zwischen überdimensionalen und 40 Kilogramm schweren Spiegeln, die jeweils am Ende zweier vier Kilometer langer Tunnel sitzen, hin- und hergeschickt. Wenn sich eine der Komponenten auch nur ganz minimal bewegt, ist das messbar. Doch das Zittern der Spiegel im Virgo-Laboratorium ist nur eine Illusion. Es ist in Wirklichkeit der Raum zwischen den Spiegeln, der sich bewegt, der sich zusammenzieht und streckt, wenn die durchs All rasenden Gravitationswellen die Erde passieren. All das kann man sich nur sehr schwer vorstellen. Aber auch wenn man nur wenig versteht von dem, was im Virgo erforscht wird, reicht schon allein die Vorstellung, dass man hier nach dem sucht, was das All im Innersten zusammenhält, um die Fantasie in Gang zu setzen.

Es ist genau dieses Zittern, das Physiker wie Giovanni Losurdo interessiert. »Wir hoffen«, sagt er, »auf diese Weise mehr Informationen zu Schwarzen Löchern oder auch über eine Supernova entdecken zu können.« Losurdo und seine Kollegen sind auch auf der Suche nach den Ursprüngen des Weltalls, nach den ersten Gravitationswellen infolge des sogenannten Big Bang. Diesen Wellen widmet man an nur wenigen Orten weltweit Forschungen, denn die benötigten Anlagen sind riesengroß – wie man bei Pisa gut erkennen kann. Das Forschungslaboratorium kann auch besichtigt werden. Vorausbuchen ist dringend notwendig.

INFO

RARITÄT IN DER PROVINZ

Immer noch ein echter Geheimtipp: Vicopisano, keine 20 Autominuten nordöstlich vom Virgo. Ein traumhafter kleiner Ort, eine etruskische Gründung vermutlich, dessen intakter Dorfkern aus dem Mittelalter und der Renaissance erhalten geblieben ist. Touristen haben hier Seltenheitswert. In der romanischen Pieve di Santa Maria befindet sich das Skulpturenensemble einer Kreuzabnahme aus dem 12. Jahrhundert. Eine absolute Rarität selbst in der an Kunst reichen Toskana! Geschlechtertürme, wie man sie vor allem aus San Gimignano kennt, formen seit dem 12. Jahrhundert die Stadtsilhouette. Dazu gibt es noch eine Festung aus dem 10. Jahrhundert, die später vom Renaissancebaumeister Filippo Brunelleschi ausgebaut wurde. Der ideale Ort, um an der Piazza entspannt den Tag ausklingen zu lassen!

WEITERE INFORMATIONEN

Besichtigung von Virgo, ego-gw.it, auch auf Englisch

vicopisanoturismo.it, die Website der kleinen Ortschaft gibt auch Tipps für Wandertouren in der reizvollen Umgebung.

← Hypermodern: In diesen Röhren wird nach dem Stoff geforscht, der das All ausmacht.
↑ Mittelalterlich: das immer noch recht untouristische Vicopisano

24

RIVIERA DEGLI ETRUSCHI – TRAUMKÜSTE

ZWISCHEN BUCHTEN UND BÄDERN

Südlich von Volterra, an der Etruskerküste zwischen Livorno und Populonia, warten zwar keine Kunsthighlights auf die Reisenden, dafür aber romantische Ortschaften, wahre Feinschmeckerziele und herrliche Strände. Auch die Fahrt dorthin verheißt schöne Fotomotive – etwa auf dem Panorama-Abschnitt bis Crespina.

Sicher, in fast allen Reiseführern wird die Küste der Westtoskana nur mit wenigen Worten erwähnt. Dennoch oder trotzdem lohnt die zauberhafte Gegend zwischen Livorno und Populonia für Panoramafahrten. Zu besichtigen gibt es reichlich, und wen das Meer lockt, der hat in puncto Sandstrände die Qual der Wahl. Dieser Küstenabschnitt verfügt über preiswerte Strandbäder, er ist zwar weniger schick als die Versilia, aber genauso sauber und schön – vor allem außerhalb der Hauptsaison.

Livorno wurde bei Luftangriffen im Zweiten Weltkrieg schwer zerstört. Doch ein guter Teil der Altstadt wurde rekonstruiert und ist den Besuch wert. Herrlich ist der Ausflug von Livorno über eine Panoramastraße in das zwölf Kilometer nordöstlich gelegene Dorf Crespina. Zwei Kilometer entfernt in Casciana Alta hängt in der Kirche San Niccolò ein Tafelbild von Lippo Memmi, einem der wichtigsten Künstler der Renaissance. Auch Crespina ist stolz auf ein Meisterwerk der Renaissance: Das Kirchlein San Michele zeigt ein Gemälde von Bernardo Daddi. Kunst und eine bukolische Natur gehen hier Hand in Hand, und man sollte sich für so eine Genusstour ein wenig Zeit nehmen, um die Landschaft auf sich wirken zu lassen. Nach einigen Stunden Fahrt hat man sich einen Abstecher nach Castiglioncello verdient. Die Pinienbäume der Ortschaft reichen fast bis ans Meer heran. Kleine und malerische Badebuchten laden zum Verweilen ein, und elegante Strandbäder bieten jeden Komfort.

Wildschwein zum Abendessen

Zypressen zieren den Bilderbuchort Campiglia Marittima weiter südlich auf der Via Aurelia. In gut 22 Metern Höhe über dem Meeresspiegel bietet dieses Städtchen mittelalterliche Atmosphäre, die sich im Sommer am besten nach 18 Uhr genießen lässt, wenn die Tagestouristen wieder in ihre Hotels am Meer zurückgekehrt sind. Hübsch ist die romanische Kirche San Giovanni, an deren Pforte auf einem Architrav aus dem 13. Jahrhundert eine Wildschweinjagd dargestellt ist. Bis heute gibt es in der Region viele Wildschweine, und in den meisten Restaurants wird ihr Fleisch zu deftigen Speisen verarbeitet.

In 170 Metern Höhe erhebt sich weiter südlich Populonia. Schon der Name deutet auf den etruskischen Ursprung hin. Populonia, das antike *Pupluna*, liegt auf der nördlichen Seite des Kaps von Piombino. Von dem kleinen Ort mit viel historischem Charme hat man einen atemberaubenden Blick auf das Meer und die Küste.

INFO

GENUSS AM MEERESSAUM

Nicht gerade preiswert, aber fantastisch: Das Restaurant La Pineta an der Marina di Bibbona liegt direkt am Strand. Feinschmeckergenüsse bei schönsten Sonnenuntergängen sind garantiert! Die Familie Zazzeri kocht nur regional und mit frischen Meeresfrüchten. Man könnte das Abendessen mit einem *Tartare della pineta* aus roher Bernsteinmakrele und Thunfisch beginnen. Es folgt ein zarter *Baccalà mantecato*, cremiger Kabeljau. Oder die *Straccetti di pasta fresca alle triglie*, frisch zubereitete Nudeln mit Meeräschen, *Spaghetto al polpo, capperi di Pantelleria e pomodorini*, Spaghetti mit Tintenfisch, Kapern von der Insel Pantelleria und Kirschtomaten. Und dann erst die Nachspeisen und die dazugehörigen Weine! Das Restaurant La Pineta ist die ideale Adresse, um einen Strandtag ausklingen zu lassen.

WEITERE INFORMATIONEN

lapinetadizazzeri.it
costadeglietruschi.eu, auf der Website zur Etruskischen Küste finden sich auch Hinweise zu Veranstaltungen und den schönsten Trekkingrouten.

↖ Strandbar in idealer Lage: Bei Populonia zeigt sich die Küste von ihrer schönsten Seite.
↑ Traditionsgericht Baccalà mantecato, eine milde Creme aus püriertem Stockfisch

25

POMAIA – OASE DER STILLE

GELEBTE GLAUBENSFREIHEIT

In der Provinz Pisa findet sich ein Platz, den man weder in der Toskana noch im übrigen Italien vermuten würde: Eine ganze Ortschaft wurde zum wichtigsten europäischen Zentrum des Buddhismus ausgebaut. Das Istituto Lama Tzong Khapa ist offen für Besucher jeder Glaubensrichtung, natürlich auch für Nicht-Buddhisten.

Gebetsmühlen drehen sich, bunte Fähnchen flattern im Wind: Mitten in der Toskana stößt man auf eine ungewöhnliche und zauberhafte Oase der Meditation und Stille, auf einen Ort fernöstlicher Ruhe und Weisheit. Mönche schreiten hier gemessen über den Boden des Innenhofs, der mit Flusskieselsteinen ausgelegt ist. Die Mönche sind in die klassischen rötlichen und orangefarbenen Gewänder gehüllt und gehen einer nach dem anderen in einer langen Reihe. Lautes Sprechen und Rufen ist verpönt. Hinweisschilder mit der Aufforderung, Ruhe zu bewahren, finden sich überall. Die Szene erinnert an den Film »Sieben Jahre in Tibet« von 1997 mit Brad Pitt. Doch die tibetischen Mönche, die sich Gebete murmelnd in einer Prozession fortbewegen, leben mitten in der Toskana – in einer mittelalterlich anmutenden und restaurierten Burg. Pisa liegt rund 40 Kilometer entfernt, und der Besucher nähert sich der ungewöhnlichen Festung über die Ortschaft Rosignano Marittimo. Von dort aus biegt man nach Pomaia ab, einem verschlafen wirkenden Dorf.

Wer von den asiatischen Mönchen nichts weiß und in der örtlichen Kaffeebar eine Pause einlegt, wird sich über die vielen verschiedenen Sprachen wundern, die am Tresen gesprochen werden. Pomaia ist weltbekannt – allerdings nur unter Buddhisten.

In der nicht weit von Pomaia entfernt liegenden Burg residiert seit Jahren das Istituto Lama Tzong Khapa. Dabei handelt es sich keineswegs um eine New-Age-Aussteiger-Gemeinschaft und auch nicht um eine mehr oder minder gefährliche Sekte. Das Institut in der Burg genießt höchstes Ansehen weltweit. Der Dalai Lama persönlich empfängt in der Regel einmal im Jahr in einem großen Saal seine Jünger und alle, die ihn sehen und sprechen wollen.

Begehrte Burg

Das Institut gilt als eines der wichtigsten europäischen Studienzentren für den Tibetischen Buddhismus. Es ist eine Art Dharamsala, ein Exil-Tibet alla Toscana. Seit 1978 steht der Lama Ghesce Ciampa Gyatso der Gemeinschaft vor. Ihm und seinen Mitbrüdern geht es darum, die Lehre des Tibetanischen Buddhismus in Italien zu verbreiten. Der fromme Mann führt seine Besucher gern durch die Burg und zu deren Zinnen, von denen, wie in Tibet vor der chinesischen Besetzung, Hunderte von Gebetsfähnchen im Wind wehen.

Im Institut unterrichten die berühmtesten Gelehrten des Tibetischen Buddhismus, einer Religion, die sich in Italien, vor allem unter Prominenten, wachsender Beliebtheit erfreut. Erst vor wenigen Jahren wurde in Mailand einer der

→ Die Gebetsfähnchen zeigen es an: Italiens wichtigstes buddhistisches Zentrum liegt hier.

← Zu den buddhistischen Glaubensritualen gehört auch das Drehen der Gebetsmühlen.
↙ Die farbenprächtige buddhistische Gottheit kontrastiert den blauen toskanischen Himmel.
↘ In der Luftaufnahme zeigt sich der liebliche Charakter der Landschaft um Pomaia.

größten buddhistischen Tempel des Kontinents eröffnet. Aber es ist diese Burg in der Toskana, die die meisten Gäste anzieht. Auch aus dem übrigen Europa – die Gästezimmer in der Burg sind deshalb fast immer ausgebucht. Italienischer Nachwuchs stellt sich hier en masse ein. Ohne eine weite Reise nach Asien ins Exil des Dalai Lamas antreten zu müssen, können sich Interessierte in der Toskana, gewissermaßen vor der Haustür, dem Buddhismus annähern. Und das in einer ungemein malerischen Gegend, wo man auch noch hervorragend wandern und essen gehen kann.

Die meisten buddhistisch angehauchten Toskana-Reisenden buchen einen der verschiedenen Kurse, die das Institut anbietet: Feng-Shui und Bachblütentherapie, Musiktherapie, spirituelles Zeichnen, Massage mit Ölen und viele andere Themen. Buddhismus pur in der Toskana – das zieht zahlreiche Wochenendaussteiger an. Den Besuchern der Burg in Pomaia steht auch eine der umfangreichsten europäischen Bibliotheken zur Geschichte des Buddhismus zur Verfügung. Im eigenen Verlag, den Chiara Luce Edizioni, erscheinen Nachschlagewerke in verschiedenen Sprachen.

Gutes Klima für Gläubige

Im Naturschutzpark des Monte Amiata bietet eine andere Gemeinschaft, die Comunità Dzogchen, ebenfalls buddhistische Einkehr. Dieser Zusammenschluss buddhistischer Laien ist in der Nähe der kleinen Ortschaft Bagnore in einem Gebäude untergebracht, das der Form eines orientalischen Mandalas gleicht. Das Städtchen Arcidosso liegt nicht weit entfernt. Die Comunità Dzogchen wurde in den Siebzigerjahren des 20. Jahrhunderts gegründet. In der Zwischenzeit sind weltweit Zweigstellen dieses Studieninstituts entstanden, die sogenannten Gar. In der Comunità Dzogchen trifft man immer wieder Menschen aus allen Ländern der Welt. Die Buddhisten dieser Gemeinschaft haben sich der Lehre des tibetischen Lamas Chögyal Namkhai Norbu verschrieben, der an der Universität Neapel asiatische Religionskunde unterrichtet. Besucher der Gemeinschaft können in einer gut ausgestatteten Bibliothek stöbern und sich an der Arbeit der Laien beteiligen, denen es allerdings nicht nur um die Verbreitung der Lehre ihres Lamas geht. Sie organisieren auch kunsthistorische Expeditionen nach Tibet, um dort antike Gebäude vor dem Verfall zu retten.

Interessant zum Thema Pomaia und Buddhismus: Italien ist schon längst nicht mehr nur ein katholisches Land. Das war einmal, und der Buddhismus-Boom der vergangenen Jahre legt davon Zeugnis ab. Aber auch andere Glaubensgemeinschaften machen in Italien von sich reden. Wie etwa die Mormonen. Die haben in Rom den größten Tempel ihrer Kirche in ganz Europa errichtet. Und in zahlreichen kleinen Städten der Toskana finden sich inzwischen Moscheen, selbst wenn diese fast nie als solche zu erkennen sind, denn über Minarette verfügen die wenigsten.

INFO

EISKALTE DUSCHE

Totale Erfrischung mitten in der Natur und, wenn man will, zu jeder Uhrzeit: Das bieten die auch unter vielen italienischen Toskana-Besuchern ziemlich unbekannten Cascate del Ghiaccione. Kein leicht zu findender Ort, der nur über einen kurzen Wanderweg durch einen dichten Wald zu Fuß zu erreichen ist. Dafür muss man die Straße von Chianni nach Castellina Marittima nehmen und dort, kurz nach der kleinen Brücke La Torre, sofort nach einem weiteren Bach das Auto parken. Und los geht's ... Badehose nicht vergessen! Das Wasser dieses und eines zweiten Wasserfalls, der rund 10 Meter hoch ist und kurioserweise Tonfo degli Ebrei, »Schlag der Juden«, genannt wird, ist eiskalt. Daher die Bezeichnung »frostige Kaskaden«. Ganz in der Nähe lockt ein dritter Wasserfall, auch er mitten im Wald gelegen. Zu diesem als Cascata della Capra, »Ziegenwasserfall«, bekannten Ort führt nur ein feuchter und rutschiger Weg. Einsamkeit pur!

WEITERE INFORMATIONEN

Infos zur Besichtigung des Istituto Lama Tzing Khapa, iltk.org

Es empfiehlt sich, nicht unangemeldet im Istituto Lama anzukommen. Bei Veranstaltungen bleibt das Gebäude geschlossen.

Wasserfälle, auch auf Englisch, prolocochianni.it

Erst durch den Wald wandern und dann ab ins erfrischende Quellwasser!

26

CAPRAIA & CO. – 1A-INSELHÜPFEN

KLEINE INSELN, GROSSE KULISSE

Hinreißende Strände und malerische Fischerorte, abgelegene Bergwelten und seltene Pflanzen – auf Capraia, Gorgona, Pianosa, Montecristo und Giglio zeigt sich die Toskana von ihrer unberührten Seite. Es lohnt sich, von einer Insel zur anderen zu hüpfen.

Ganze sieben Eilande sind zu besichtigen! Der Archipel ist ein echtes Segeldorado und bietet Badebuchten von unbeschreiblicher Schönheit. Die Inselwelt der Toskana nur auf Elba zu reduzieren, ist ein grober Fehler und führt in jedem Sommer dazu, dass die größte der toskanischen Inseln heillos überfüllt ist. Völlig anders sieht es auf ihren kleineren Schwestern aus. Vor allem auf jenen, die erst seit kurzem zugänglich sind.

Von Livorno aus geht es mit dem Schiff zunächst zur Isola Gorgona, keine 20 Seemeilen von der Hafenstadt entfernt – ein kleines Paradies von gerade mal 2,23 Quadratkilometern Fläche mit Felsen und Hügeln, die ganz mit Macchia bewachsen sind. Gorgona bietet wilde Natur mit romantischen Ruinen von Klöstern und Wehranlagen. Der Besuch des Eilands ist allerdings nur mit einer offiziellen Genehmigung des Justizministeriums möglich. Spezielle Touristenbüros helfen weiter.

Auf einsamen Pfaden

Südlich von Gorgona ragt die Isola di Capraia aus dem Meer. Auch wenn diese Insel weitaus größer als Gorgona ist, leben hier nur knapp 300 Einwohner. Glückliche Menschen müssen es sein, denn sie befinden sich mitten in einem Naturschutzpark. Capraia besteht aus vulkanischem Gestein und verfügt über sehr fruchtbare Böden. Überall wächst etwas. Wein und Oliven werden angebaut und auf dem Festland teuer verkauft. In den Seegrotten halten sich immer wieder die im Mittelmeer selten gewordenen Seerobben auf. Capraia ist ein Paradies für Wanderer, Schwimmer und Taucher.

Die höchste Erhebung der 20 Quadratkilometer großen Insel ist der Monte Castello mit seinen 447 Metern. Der Monte Arpagna ist etwas niedriger, aber von seiner Spitze aus reicht der Blick bis Korsika und über den ganzen Toskanischen Archipel. Der einzige bewohnte Ort ist Capraia Isola. Oberhalb der Fischerhäuser steht die Fortezza San Giorgio aus dem frühen 15. Jahrhundert. Nur sieben Seemeilen von Elba entfernt liegt südwestlich die Isola di Pianosa. Sie hat sich in Italien einen Namen als Gefängnisinsel gemacht. Hier saßen bis vor Kurzem einige streng bewachte Superbosse der Mafia hinter dicken Mauern ein. Pianosa verfügt über eine wildromantische und herbe Landschaft, die vor allem mit der typischen Mittelmeermacchia bewachsen ist.

Insel ohne Graf

Mit dem Boot geht es weiter zur Isola di Montecristo. Der berühmte Graf von Montecristo und Romanheld aus den

← Insel-Hopping in der Toskana gelingt am besten mit einem Segelboot. Der Toskanische Archipel bietet für jeden Geschmack das richtige Eiland.

Büchern von Alexandre Dumas lebte allerdings nie auf der gleichnamigen Insel. Er stattete ihr noch nicht einmal einen Besuch ab. Das scheint historisch verbürgt zu sein. Viel hätte er dort auch nicht zu sehen bekommen, denn immer schon war diese zehn Quadratkilometer kleine Insel so gut wie unbewohnt. Und das war ihr großes Glück. Ihre unberührte Natur ist heute geschützt.

Wer auf Montecristo wandern will, muss beim Landwirtschaftsministerium in Rom eine offizielle Genehmigung einholen. Auch hier können Touristenbüros weiterhelfen. Die Isola di Montecristo besteht aus einem gigantischen Granitmassiv, das sich mit der höchsten Erhebung, dem Monte della Fortezza, 640 Meter übers Meer erhebt. Zwischen Montecristo und Monte Argentario liegt die Isola del Giglio, ein Insel-Schmuckstück. Mit 21 Quadratkilometern ist sie die zweitgrößte Insel des Archipels nach Elba. Hier machen vor allem Italienerinnen und Italiener Ferien. Wieder bietet sich ein Berg, der fast 500 Meter hohe Poggio della Pagana, als bester Aussichtspunkt an. Die Landschaft wirkt weitgehend unberührt. Macchia und Felsen wechseln sich ab, dazwischen liegen Waldflächen mit Oliven- und Kastanien-, Feigen- und Pinienbäumen. Aus den Früchten der häufig anzutreffenden Erdbeerbäume werden köstliche Marmeladen gekocht, und auch der Inselwein schmeckt ausgezeichnet.

Giglio Porto ist der Hauptort und im Sommer stets rappelvoll. Ebenso hübsch und etwas weniger überlaufen präsentiert sich das sechs Kilometer nordwestlich gelegene Fischerdorf Giglio Castello, das eine mittelalterliche Wehrmauer umgibt. Wer in Campese an der Westküste logiert, hat einen langen und feinen Sandstrand direkt vor der Ferienhaustüre. Nur mit einem kleinen Boot oder zu Fuß ist der Spiaggia delle Caldane zu erreichen – eine der romantischsten Badebuchten der ganzen Insel. Auch im Sommer findet man in der Regel nicht weit von Campese an der kaum bekannten und wenig frequentierten Cala dell'Allume einen schönen Platz im Sand. Der Strand ist von unberührter Natur umgeben, und man fühlt sich hier wie der erste Mensch auf Giglio.

Reizvolle Ruhe

Acht Seemeilen südöstlich von Giglio befindet sich die Privatinsel Giannutri, auch sie ein Teil des Naturschutzparks des Toskanischen Archipels. Auf nur 2,6 Quadratkilometern Fläche wächst fast ausschließlich wilde Macchia. Starke Winde haben uralte Steineichen zu Baumskulpturen geformt. Die Insel ist ein Vogelreservat. Schon die wohlhabenden Römer schätzten die romantischen Reize von Giannutri. In Cala Maestra können Fußgänger die Ruinen einer römischen Villa aus dem 1. Jahrhundert n. Chr. besichtigen. Auf der Insel gibt es nur eine einzige Schlafmöglichkeit – kein Luxus, eher stilvoll-schlicht und spartanisch ausgestattet, aber ungemein romantisch.

↗ An manchen Stellen, hier an Giglios Nordküste, geht es auf Steinen ins Meer.
↖ Hafen auf der ehemaligen Gefängnisinsel Pianosa, die heute besichtigt werden kann
← Der mittelalterliche Torre del Saraceno wacht über den Hafen von Giglio Porto.

INFO

GÖTTLICHE HALSKETTE

Einer antiken Legende zufolge entstanden die Inseln des Toskanischen Archipels, als die römische Liebesgöttin Venus ihre Perlenkette im Mittelmeer verlor. Heute gehören die Inseljuwelen zum Nationalpark des Toskanischen Archipels und können bequem erwandert und erkundet werden. Noch reizvoller ist ein Segeltörn zu diesen Eilanden. Vor allem die kleinen Inseln bieten einsame Buchten zum Ankern und ungestörten Baden. Zum Anmieten oder um geführte Bootstouren zu buchen, stehen an der Küste verschiedene Anbieter in den Yachthäfen parat, etwa in Puntone mit seinem Yachthafen Marina di Scarlino. Die Routen zu den Inseln sind allerdings nichts für Sonntagskapitäne. Auch im Sommer kann es plötzlich sehr windig und somit gefährlich werden. Da ist es doch am bequemsten, eine professionell begleitete Segeltour zu buchen, am besten gleich für ein paar Tage. Verschiedene Inseln wie Montecristo und Pianosa sind Naturschutzgebiete. Hier einfach an Land zu gehen ist nicht erlaubt. Doch auch vom Meer aus sehen die Inseln atemberaubend schön aus.

WEITERE INFORMATIONEN

Für alle Inseln bei der Azienda di Promozione Turistica dell'Arcipelago Toscano: virtualelba.it
infoelba.it

An der Marina di Scarlino liegen die Boote säuberlich aufgereiht.

27

ELBA – KÜSTE DER KRISTALLE

STEINREICHE INSEL

Auf der Ostseite der größten Insel des Toskanischen Archipels gibt es eine üppige Vielfalt an Mineralien in den unterschiedlichsten Farben und Kristallisierungen. Oft wirken sie wie Werke der Kunstrichtung Arte Povera. Ein Paradies auch für Fotografen, die ganz besonders reizvolle und schillernde Bildmotive suchen.

Wenn man sich die Insel Elba auf der Landkarte anschaut, sind im Osten zwei Halbinseln zu erkennen: Die größere im Nordosten reicht bis nach Capo Vita und die kleinere im Südosten erstreckt sich rund um Punta dei Ripalti. Die Kristallschätze der Insel finden sich allesamt dort. Ein wahres Paradies für Hobby-Geologen und all jene, die eine unbekannte, aber faszinierende Seite der Ferieninsel erleben wollen. Die jeweiligen Gegenden sind alles andere als touristisch überlaufen – Elba für Entdecker gewissermaßen. Und auch für Wanderer, denn die meisten Mineralien entdeckt man ganz einfach beim Spazierengehen.

Der sogenannte Hämatit gehört zu den schönsten Steinen Elbas. Man findet ihn mit lamellenförmigen oder rosenartigen Kristallisierungen. Auf der Außenseite hat dieses Mineral einen dunklen metallischen und glänzenden Farbton, sein Pulver nimmt oft einen dunkelroten Farbton an, woher auch der Name Hämatit, »Blutstein«, rührt. Der Limonit ist von gelb-brauner Farbe, ein Eisenhydroxid. Die erdhaltigen Arten von Hämatit und Limonit sind verantwortlich für das Ockergelb und Rot, das die Felsen an Elbas Ostseite färbt. Goldfarben präsentiert sich hingegen der schöne Pyrit. Auf Elba nennt man den Stein in seinen fantastisch anmutenden achtflächigen, zwölfflächigen oder quadratischen Kristallisierungen das »Gold der Dummen«.

Glücksfunde

Der Ilvait ist besonders typisch für Elba und wird hauptsächlich hier gefunden. Der Name kommt von *Ilvates,* der ligurischen Bevölkerung, die als Erste die Insel bewohnt haben soll. Die großen prismatischen Kristalle sind meist von einem glanzlosen Schwarz. Man findet den Ilvait nur noch selten, daher ist er bei Sammlern sehr begehrt.

Kompakte schwarzen Steine ohne Glanz bildet ebenso der Magnetit, das Mineral mit dem höchsten Eisengehalt (72,5 %), das auch industriell genutzt wird. Auf Elbas Ostseite finden sich zudem verschiedene kupferartige Mineralien. Das erklärt, warum die Insel in der Bronze- und Eisenzeit einen gewissen Wohlstand genoss. Davon zeugen noch heute Nekropolen in der Grotte von San Giuseppe in der Nähe des Rio Marina. Hier wurden jene Bewohner beigesetzt, die mit dem Kupferhandel Richtung Festland reich geworden waren. In der Nähe des Rio Marina gibt es auch ein »Eisenmeer« – ein See, dessen Wasser rötlich eisenfarben ist. Das Baden ist hier eher nicht empfehlenswert!

← Besser nicht baden: Der Hämatit hat den Mineraliensee auf Elba blutrot gefärbt.
↓ Bei Spaziergängen im Osten der Insel findet man immer wieder bunte Steine.

INFO

IN DER VERGANGENHEIT SCHÜRFEN

Elba ist die einzige Insel Italiens, die über einen eigenen Mineralienpark verfügt, den Parco Minerario di Rio Marina e di Rio Albano. Auf dem Gelände werden regelmäßig Führungen angeboten. Dabei stattet man auch den ehemaligen Minen unter und an der Erdoberfläche einen Besuch ab. Hier erfahren die lauschenden Gäste, wie die Mineraliensucher seit der Antike auf Elba vorgingen. Diese Steintouren sind keineswegs nur für Mineralienfreaks geeignet. Sie erschließen die unbebaute und teils wilde Landschaft, durchzogen von Wander- und Fahrradwegen, und bieten Jeepfahrten für diejenigen, die organisiert unterwegs sein wollen. Ein wichtiger Tipp: Man sollte den Park möglichst bei schönem Wetter besuchen, dann leuchten die Mineralien besonders prächtig in der Sonne.

WEITERE INFORMATIONEN

infoelba.net, auch auf Deutsch
parcominelba.it, auch auf Englisch
Empfehlenswert ist eine geführte Mineralientour: Nur die Guides wissen, wo sich die schönsten Steine entdecken lassen.

Eine abziehende Gewitterfront taucht das Blütenmeer bei Volterra in ein unwirkliches Licht.

DER SÜDEN

Unterm freien Himmel und in Palästen wartet Kunst vom Feinsten

28

PIEVASCIATA – KUNST IM PARK

SPANNENDE BEGEGNUNGEN

Man nehme eine nicht von Menschenhand geformte Landschaft und ein Mäzenatenpaar, viel Geld und zeitgenössische Kunst. Und fertig ist einer der anregendsten Kunstorte der Toskana: Der Skulpturenpark von Pievasciata, auf halber Strecke zwischen Arezzo und Volterra gelegen, erweist sich als herrliches Ausflugsziel.

Auf einer kleinen Lichtung zwischen Bäumen ragen sie wie Pilze aus dem Erdreich. Sie sind weiß, und sie sind verschieden hoch. Sie wachsen nicht gerade aus dem Erdboden. Einige neigen sich nach rechts oder links, und andere sind noch zu klein, um eine Richtung einzuschlagen. Die Rede ist nicht von Pilzen. Die weißen Säulen mit flacher Oberfläche sind ein Kunstwerk des 1952 geborenen Franzosen Nicolas Bertoux. Er ist ein Meister darin, Skulpturen zu kreieren, die die Umgebung nicht dominieren, sondern sich einfügen. In diesem Fall in einen Laubwald.

Künstler von nah und fern

Das gilt auch für die Blumen des deutschen Künstlers Johannes Pfeiffer in einem anderen Waldstück. Pfeiffer entwarf für den Skulpturenpark hohe Metallstängel, auf denen kugelförmige weiße Gebilde balancieren. Sie sehen aus wie Blüten und harmonieren mit dem duftenden gelben Ginster ringsum. Der Brite Jeff Saward hingegen schuf ein Kunstwerk, das sich bewusst nicht der Natur anpasst. Sein eckiges und mannshohes Labyrinth lädt den Parkbesucher dazu ein, sich einem fremden Raum anzuvertrauen, der zum Himmel hin offen ist. Die Wände des Labyrinths bestehen aus Glaskacheln, die das Licht auch von den Seiten hineinlassen. Die Idee zum Parco Sculture nel Chianti hatte das Galeristenehepaar Rosalba und Piero Giadrossi. Auf einem Gebiet von rund 13 Hektar Land mit einem ausgedehnten Eichenwald haben sie sich einen Traum erfüllt. Ein Projekt, das Kunst und Natur zusammenbringt. Der seit 2004 existierende Park zeigt insgesamt 26 Kunstwerke, Skulpturen und Installationen – die Übergänge sind fließend.

Faszinierende Dialektik

Klar ist jedenfalls, dass der Spaziergang durch den Park bei Pievasciata in der Nähe von Castelnuovo Berardenga ein faszinierender Genuss ist. Denn bei jedem Kunstwerk wird der Besucher mit der Frage konfrontiert: Was ist das? Und: Wie fügt es sich in die Natur ein? Jeder der von den Giadrossis mit einem Werk beauftragten Künstler kam in den Park, sah ihn sich an und entschied, wo sie oder er sein Objekt aufstellen will. Besonders reizvoll: Der Skulpturenpark verfügt über kein domestiziertes Terrain wie andere Einrichtungen dieser Art. Es gibt weder gepflegte Wiesen noch andere parkähnliche Bereiche. Nur sich selbst überlassene Natur. Und so wirkt dieser Ort der Kunst in jeder Jahreszeit anders. Und zu jeder Jahreszeit erscheinen die Kunstwerke anders in der sie umgebenden Natur.

INFO

GESEGNETER ORT

Vollkommene Entspannung verspricht der Aufenthalt auf dem großen Gelände des Hotels Le Fontanelle – etwa auf einer Liege am Pool, beim Gang durch den Garten oder bei einem Aperitif auf einer der Terrassen. Zum ausgezeichneten Mittag- und Abendessen werden Weine gereicht, deren Trauben direkt vor der Haustüre angebaut werden. Chianti vom Feinsten! Das auf einem sanften Hügel gelegene Hotel Le Fontanelle bietet tolle Panoramablicke in die typische Chiantilandschaft. Im hauseigenen Restaurant La Colonna werden neben toskanischen Gastroklassikern auch kreative Gerichte serviert. In diesem Hotel stört noch nicht einmal der Lärm einer Landstraße, denn die einzige Straße, die hierherführt, ist die zum Hotel. Sicherlich eines der teuersten 5-Sterne-Hotels in der Toskana, aber ohne Zweifel eines der schönsten.

WEITERE INFORMATIONEN

chiantisculpturepark.it, auch auf Deutsch
Achtung: Den Skulpturenpark nur mit festem Schuhwerk besuchen!
fontanelleestate.com

↑ Stilvolle toskanische Unterkunft mit Feinschmeckerlokal im Hotel Le Fontanelle
← Glasbaum des Skulpturenkünstlers Diego Mariottini im Park von Pievasciata

29

SIENA – PALAST FÜR DIE PÄPSTIN

ALLES UNTER EINEM DACH

In Siena locken gleich zwei historischen Bauwerke, die unter ihren Dächern alte und zeitgenössische Kunst auf anregende Weise miteinander verbinden: der Palazzo delle Papesse und der Palast Chigi Zondadari direkt am zentralen Campo. Aber das sind natürlich nicht die einzigen Qualitäten der charmanten Stadtvillen.

Wohnten hier Päpstinnen? Der Name des eindrucksvollen Renaissancepalasts im Zentrum von Siena scheint genau das anzudeuten. Doch der Palazzo delle Papesse erhielt seine kuriose Bezeichnung, weil er auf Wunsch von Caterina Piccolomini errichtet wurde, im Jahr 1460 in der zentralen Via di Città. Die adelige Signora war die Schwester des berühmten Renaissance-Intellektuellen Enea Silvio Bartolomeo Piccolomini. Er starb 1464 als Papst Pius II. Den Palast seiner Schwester hat der damalige Starbaumeister Bernardo Rossellino entworfen. Er arbeitete auch für den Bruder in Pienza. Der Palazzo delle Papesse wurde 1495 eingeweiht – eine der elegantesten Familienresidenzen Sienas. Der prächtige Innenhof ist von Säulen umstellt, die als Meisterwerk des Bildhauers Lorenzo di Mariano gelten.

Auf dem Palastdach forschte Galileo Galilei. 1633 war er bei der Familie Piccolomini zu Gast. Vom Dach aus beobachtete der Astronom den Mond – und von gleicher Stelle haben Besucher bis heute einen atemberaubend schönen Blick auf die Altstadt Sienas. Nachdem der letzte Erbe der Piccolominis im 17. Jahrhundert gestorben war, wurde der Palast in ein religiöses Institut umgewandelt. Die heutige Besitzerin ist die Nationalbank in Rom. Bevor man es 2008 zusperrte, diente das Bauwerk als einer der schönsten Ausstellungsorte von Siena. Nach zwölf Jahren Schließung wurde der Palazzo delle Papesse 2020 wiedereröffnet. Heute zeigt er eine große Ausstellung der Werke des spanischen Allround-Künstlers Salvador Dalí.

Kunst und Wohnkultur

Aber es gibt noch einen zweiten historischen Palast in Siena, der Alt und Neu miteinander verbindet. Der aus dem Mittelalter stammende Palazzo Chigi Zondadari erhielt im 18. Jahrhundert sein heutiges Aussehen. Der Palazzo erhebt sich direkt am Campo, also im Herzen Sienas. Das Bauwerk ist in seinem Inneren fast komplett erhalten geblieben. Erst seit Kurzem kann es besichtigt werden. Fresken, kostbare Ledertapeten, antiquarisches Mobiliar und Gemälde vermitteln einen authentischen Eindruck vom einstigen, hochprivilegierten Alltag. Die Stiftung, der heute der Palazzo gehört, hat sich zum Ziel gesetzt, zeitgenössische Kunst, vor allem Installationen, im historischen Ambiente zu präsentieren. Jedes Jahr schafft eine kleine Gruppe von Künstlern einen kreativen Gegensatz zur Dekorations- und Einrichtungskunst vergangener Jahrhunderte. Alt trifft auf Neu – die Kontraste wirken sehr stimulierend.

← Die Renaissancefresken im Palazzo delle Papesse verzaubern die Betrachter.
↓ Das Castello Banfi thront auf einem Hügel, umgeben von Zypressen und Weinstöcken.

INFO

LUXURIÖSE BURG

Das Castello Banfi wurde in der ersten Hälfte des 15. Jahrhunderts als Wehranlage über dem Ort Poggio alle Mura errichtet. Es gibt eine Mauer, zwei Portale und einen Innenhof aus der Renaissance. Heute gehört die Burg der Familie Banfi, eine der bekannten Winzerdynastien der Toskana. Sie haben einen Teil der Anlage zu einem luxuriösen Hotel mit allem Komfort umgebaut. Vom Pool aus bietet sich ein umwerfender Blick in die Landschaft. Organisiert werden auch Reittouren in die Umgebung. Der besondere Kick des Hotels: Hier wird zum Abendessen Wein von den eigenen Feldern kredenzt. Und zwar nicht irgendein Wein, denn die Erzeugnisse der Banfis gehören zu den besten Tropfen von ganz Italien.

WEITERE INFORMATIONEN

sienaonline.it, auch auf Deutsch
palazzochigizondadari.com, auch auf Englisch
castellobanfiwineresort.it
Für Musikfreunde ein echter Leckerbissen: das Chigiana International Festival, chigiana.org
Die Kurse, Seminare und Workshops richten sich an Musikerinnen und Musiker.

30

VOLTERRA – STADT MIT MACHT

STEINE, DIE GESCHICHTEN ERZÄHLEN

Geheimnisvolle Gräber und uralte Mauern, lächelnde Totenfiguren und bronzene Schattenmänner: Volterra birgt zahlreiche Kunstschätze, zählte es doch zu den wichtigsten Städten des Etruskischen Zwölferbunds. Ein Sinnbild der reichen Geschichte des 10 000-Einwohner-Ortschaft ist die 2400 Jahre alte Porta all'Arco.

Die Etrusker gründeten *Velathri,* das heutige Volterra, stolz und sicher gelegen auf einem hohen Felsen. Dieses rätselhafte Volk herrschte von hier aus über die toskanische Küste zwischen Piombino und Livorno sowie die vorgelagerten Inseln. Wie schon vor Jahrtausenden fühlt auch der heutige Besucher etwas von der Macht der Stadt, wenn er den Berg hinauffährt. Früher ging es in das historische Zentrum durch die Porta all'Arco, ein rund 2400 Jahre altes Tor aus zentnerschweren Steinblöcken, das etwas abseits vom neuen Zugang liegt, der modernen Piazza Martiri della Libertà. Der Name des Platzes erinnert an eine Heldentat der Bewohner von Volterra: Am 30. Juni 1944 mauerten sie innerhalb von 24 Stunden die uralte Porta all'Arco mit Pflastersteinen zu. Die deutschen Besatzer hatten angekündigt, das Etruskertor zu sprengen, um die amerikanischen Befreier aufzuhalten. Die tapferen Bürger von Volterra vereitelten diesen Plan.

Herrlicher Platz

Nicht weit von der Gedenktafel entfernt, die an diesen Vorfall erinnert, wird der Besucher in eine andere Epoche versetzt. Die Piazza dei Priori ist Volterras Marktplatz seit dem Jahr 851. Dieser Platz ist einer der schönsten seiner Art im an schönen Plätzen nun wirklich nicht armen Italien! Das beeindruckendste Gebäude ist sicherlich der Palazzo dei Priori, das älteste Rathaus der Toskana: ein mächtiges Bauwerk mit Zinnen und drei Reihen zweibogiger Fenster. Das Gebäude krönt ein Turm. Die gesamte Fassade ist mit Wappentafeln Florentiner Adeliger aus dem 15. und 16. Jahrhundert geschmückt. Hinter dem Palast der weltlichen Macht erhebt sich das Haus Gottes: Der romanische Dom wurde während der Renaissance ausgebaut. Die schlichte Fassade verbirgt zahlreiche Kunstschätze. Darunter eine ungewöhnliche Predigtkanzel, die man im 16. Jahrhundert aus Skulpturen des 13. Jahrhunderts zusammensetzte – eine Art Renaissance-Patchwork. Gegenüber dem Dom befindet sich im Baptisterium ein Taufbecken des Bildhauers Andrea Sansovino, geschaffen im Jahr 1502.

In der nicht weit entfernten Via Matteotti lohnt eine Pause im L'Incontro, einer Kaffeebar und Enoteca, in der es die besten Törtchen oder lokalen Weine zu verkosten gibt. Konkurrenz macht die Dolceria del Corso in derselben Straße. Die *Torta de Cecco,* ein Weihnachtskuchen aus kandierten Früchten und Mandeln, mit Gewürzen und Schokolade, schmeckt wunderbar. Und um beim Gaumenschmaus zu bleiben: Del Duca ist eine Weinbar mit Käse- und Wurstspezialitäten. Im hauseigenen Restaurant werden lokale Gerichte wie die *Ribollita con colombaccio e tartufo* serviert, eine Suppe aus Bohnen, Schwarzkohl, Ringeltaubenfleisch und Trüffel. Eine etwas gehobenere Atmosphäre bietet das

→ Unterhalb der Stadtmauer von Volterra liegt das gut erhaltene antike Amphitheater.

← Die wie eine Krippe wirkende Altstadt von Volterra mit Dom und Campanile im Abendlicht
↙ Nach Einbruch der Dunkelheit schmeckt ein Aperitif in der Weinbar L'Incontro.
↘ Seit dem Mittelalter ist hier das Rathaus untergebracht: Palazzo dei Priori in Volterra.

Restaurant Vecchio Mulino, das etwas außerhalb im Ortsteil Saline di Volterra liegt. Gestärkt von solchen Leckereien führt der Weg von der Piazza dei Priori aus durch die Via Ricciarelli in das Quadrivio dei Buonparenti. Es handelt sich hierbei um einen nahezu komplett erhaltenen Stadtteil aus dem Mittelalter.

Spätmittelalterlicher Charme

Viele italienische Regisseure haben in den Gassen des Quadrivio gedreht, wenn sie Szenen in einer Stadt des 13. und 14. Jahrhunderts benötigten. Das Gassengewirr und die kleinen Plätze bei der Via Ricciarelli und der Via Roma sind so pittoresk, dass sie viele Touristen anziehen. Ein Tipp: Diesen Stadtteil sollte man möglichst morgens oder abends besichtigen, wenn die Bewohner unter sich sind. Aus dem Viertel ragt der Wohnturm Casa-Torre Buonparenti aus dem 14. Jahrhundert heraus. Nicht weit von diesem mittelalterlichen Relikt entfernt ist im Palazzo Minucci Solaini die Pinacoteca untergebracht, das Museumsjuwel von Volterra. Hier zeigt man feinste toskanische Kunst aus der Zeit des 14. bis 17. Jahrhunderts. Besonders beeindruckend: ein »Christus in Gloria« der beiden Renaissancemeistern Domenico Ghirlandaio und Rosso Fiorentino. Den kunsthistorischen und archäologischen Höhepunkt Volterras markiert das Museo Etrusco Guarnacci. Man sollte es unbedingt besuchen, da es die weltweit bedeutendste Sammlung etruskischer Urnen enthält. Und das sind nicht nur langweilige Aschebehältnisse, sondern reich dekorierte Kunstwerke.

Ergreifende Sarkophage

Das Museum liegt in der Nähe des archäologischen Parks bei der Fortezza, der Burganlage. Auch wenn die renommiertesten Objekte dieses Volks im Nationalmuseum für etruskische Kunst Villa Giulia in Rom zu sehen sind, faszinieren die Säle des Guarnacci mit ihrer reichen Sammlung von Stelen, Urnen und Sarkophagen. Viele dieser etruskischen Särge zeigen Szenen aus dem Leben der Toten. Auf einem ganz besonders schönen Sarg liegt ein Ehepaar bequem ausgestreckt. Es stützt sich auf die Ellenbogen und lächelt geheimnisvoll. Interessant ist auch eine aus Metall gefertigte Skulptur. Von dieser Art Kunstwerk ließ sich Alberto Giacometti in der ersten Hälfte des 20. Jahrhunderts inspirieren. Weltbekannt sind seine schmalen, in die Länge gezogenen Körperdarstellungen. Der italienische Nationaldichter Gabriele D'Annunzio bezeichnete diese etruskische Statue als *Ombra della sera,* »Abendschatten«.

Zu Volterra gehören auch die Balze knapp zwei Kilometer nordöstlich der Stadt. Ihre steil abfallenden Gesteinsformationen verändern sich durch die Witterung immer mehr, ja, die Erosion hat schon etliche Kirchen und Nekropolen in den Abgrund gerissen. Ein eigentümlicher Ort, permanent im Wandel!

INFO

KREATIVE FERIEN

Nicht unbedingt ein Geheimtipp, aber wirklich empfehlenswert ist die Villa Palagione. Eine historische Villenanlage nicht weit von Volterra entfernt, umgeben von viel Natur. Klar, hier kann man einfach nur Urlaub machen. Was ja bedeutet, dass man außer ein paar Ausflügen nicht viel unternimmt und sich ausruht. Doch die Villa Palagione bietet mehr, zum Beispiel Italienischkurse, es werden Wanderungen organisiert, man kann an Fotoworkshops teilnehmen, toskanisch kochen lernen, sich von einem Mallehrer unterrichten lassen und sich am typischen Stein der Gegend, dem hellen Alabaster, als Steinmetz versuchen. An einigen Abenden werden Stücke aus Opern und Konzerte aufgeführt. Dennoch kann man auf dem Gelände der Villa auch ganz für sich sein. Das Haupthaus der Anlage wurde im 16. Jahrhundert errichtet, von einem Vertrauten der Medici in Florenz. So wurden einige Säle mit Wand- und Deckenmalereien prächtig ausgeschmückt, allesamt frisch restauriert.

WEITERE INFORMATIONEN

volterra.it, auch auf Englisch
museivaldicecina.it
villa-palagione.com, auch auf Deutsch
komoot.de, die Tourenseite bietet eine Sammlung der schönsten Wanderungen im Umland von Volterra.

Von wegen nur ausruhen: aktive Ferien in der Villa Palagione

31

BOLGHERI – BEDROHTE WAHRZEICHEN

DIE ZYPRESSEN UND DER PILZ

Sie ist die vielleicht schönste Route der Toskana: Die rund einen Kilometer lange Straße zwischen Bolgheri und dem Oratorium von San Guido – eine Allee aus Zypressen. Doch wie fast alle anderen Zypressen der Region leiden sie unter einem hartnäckigen Schädling. Forscher versuchen, ein Wunder zu vollbringen.

Vor Bolgheri die beiden Reihn Zypressen/Die grad und stattlich nach San Guido gehen/Wie junge Riesen, die im Lauf sich messen/So eilten sie heran, nach mir zu sehen.« So beginnt Giosuè Carduccis berühmtestes Gedicht »Davanti a San Guido«, das der Schriftsteller 1874 verfasste. Die Viale dei Cipressi ist eine wunderschöne, gerade Straße, die vom Oratorio di San Guido an der Via Aurelia zum Schloss von Bolgheri führt, direkt am Eingang des kleinen Orts Castagneto Carducci, der einst Castagneto Marittima hieß und später zu Ehren des berühmten Sohns umbenannt wurde.

Von wegen »sempervirens«

Die 1834 gepflanzte rund einen Kilometer lange Allee in der Maremma mit rund 2000 Zypressen gehört zu den am stärksten gefährdeten Naturmonumenten Italiens. Die schlanken hohen Bäume sind zum Teil sterbenskrank. Viele Exemplare der Gattung *Cupressus sempervirens* sind von dem Pilz *Seiridium cardinale* befallen. Die ersten Schädlinge dieser Art gelangten 1943 mit den US-amerikanischen Befreiern in die Toskana. Ihre hölzernen Munitionskisten waren von dem nordamerikanischen Pilz befallen, der sich auch über die Zypressen hermachte. Mit katastrophalen Folgen: Heute leiden in der ganzen Toskana rund 60 Prozent aller Zypressen an diesen sogenannten Nekrosen.

Doch die Wissenschaft schaut dabei nicht länger untätig zu: An der Universität Florenz entwickelten Biologen einen Mikrochip, der unter die Rinde gesetzt wird. Jeder Chip ist ein integrierter Schaltkreis, der seine Informationen an einen Zentralcomputer am Pflanzeninstitut des Nationalen Wissenschaftsrats verschickt. Die dort ausgewerteten Daten geben Auskunft über den Gesundheitszustand eines Baums.

Pilze, Klone und Computer

Dieses System ist eine wirksame Hilfe im Kampf gegen den aggressiven Pilz. Auf einer Computerkarte der Allee von Bolgheri ist jede einzelne Zypresse eingetragen. So können die Experten Baum für Baum ermitteln, inwiefern sich der Pilzbefall ausweitet. Bäume, die aus bisher ungeklärten Gründen nicht erkrankten, werden geklont. Das Mikrochipsystem erlaubt es, gezielt jene Zypressen herauszufiltern, die resistent sind. So hoffen die Forscher, die Pilzplage in den Griff zu bekommen und nicht nur die Allee von Bolgheri zu retten, sondern auch alle weiteren Bäume, die das Landschaftsbild der Toskana so nachhaltig prägen.

← Eine gewellte Straße fast wie in den USA: bedrohte Zypressen bei Bolgheri
↓ Eigenwillige Färbung: Die Cinta-Senese-Schweine sind eine uralte Züchtung.

INFO

FLEISCHLICHE GENÜSSE

Die Toskana ist eine Region für Fleischliebhaber. Schon die Etrusker züchteten die porzellanweißen langhornigen Chianina-Rinder. Ihr zartes Fleisch eignet sich perfekt für Steaks. Dann gibt es noch die *Cinta Senese*, eine Schweinerasse, die bei Siena seit rund 1000 Jahren gezüchtet wird. Aus dem fein gemaserten Fleisch dieser Freiland-Schweine werden vor allem toskanische Schinken hergestellt. *Bistecche*, also Chianina-Rinder-Steaks, und das wohlschmeckende Fleisch der *Cinta Senese* gehören zu den Hauptgerichten der Osteria Magona in der Località Vallone dei Messi. Hier wird toskanische Gastro-Tradition großgeschrieben. Als Vorspeise empfehlen sich unbedingt die gut bestückten Käse- und Aufschnittplatten. Zu den deftigen Gerichten werden beste Weine der Region kredenzt.

WEITERE INFORMATIONEN

piuturismo.it
osteriamagona.com
tours.dievole.it, die Webseite empfiehlt Wandertouren rund um Bolgheri, auch in deutscher Sprache.
Zu den Weingütern, antinori.it

32

LARDERELLO – GEYSIRE UND HEISSE LUFT

IM TAL DES TEUFELS

Auf den ersten Blick findet sich in der Umgebung der kleinen Gemeinde Pomarance keine Spur von der typischen Toskana. Doch bei genauerem Hinsehen erweist sich ausgerechnet dieser Ort als einer der historisch und geologisch spannendsten der gesamten Region. Und genau das macht seinen eigenartigen Reiz aus.

Schon von Weitem sind die riesigen Kühltürme zu sehen. Sie wirken nicht gerade anziehend. Von malerischer Toskana keine Spur, auch wenn das Tal von dichten Wäldern und sanften Hügeln umgeben ist. Der Kontrast zur mittelalterlichen Ortschaft Castelnuovo di Val di Cecina könnte kaum größer sein. Aber genau dieser Gegensatz zieht nicht nur Wissenschaftler und interessierte Reisende an, sondern auch Freunde der Land-Art, denn wie an keinem anderen Ort in der Toskana kommen hier Altes und Hochtechnologisches auf anregende Weise zusammen.

Der Ort wird auch *Valle del Diavolo* genannt, »Tal des Teufels«. Der Name stammt aus dem Mittelalter, als man böse Kräfte am Werke sah, die unter der Erdoberfläche wirken. Italiens Dichterfürst Dante Alighieri beschreibt in seiner »Divina Commedia«, in jenem Teil des Buchs, das *Inferno,* »Hölle«, genannt wird, den »Dampf, den die Erde in ihrem Bauch hat«. Dante scheint also den Ort gekannt zu haben, entweder persönlich oder vom Hörensagen. Fakt ist, dass das Zischen der Dampffontänen, der intensive Schwefelgestank schlammiger Tümpel und das Blubbern des heißen Wassers, das hier aus der Erde tritt, ihn und andere Autoren inspirierten. Sie stellten sich so den Eingang zur Hölle vor.

Seit Jahrhunderten beliebt

Klar, dass die praktisch veranlagten Etrusker und nach ihnen die thermenbegeisterten Römer diesen Ort nutzten. Sie extrahierten aus den heißen Wassertümpeln das Element Bor, das sie zum Glasieren ihrer Keramiken und für Medikamente brauchten. Geschäftsleute verkauften den Schwefel von Volterra aus nach ganz Italien. Als die Habsburger die Toskana beherrschten, begannen sie sich auch für die nach dem Mittelalter in Vergessenheit geratene Bor-Gewinnung zu interessieren. Es war ein französischer Chemiker und Industrieller, der im Auftrag des Großherzogs der Toskana ein modernes Verfahren zur Borsäureförderung erfand: François Jacques de Larderel. Er gründete Larderello.

Schon 1905, im gerade geeinten Italien, das sich darum bemühte, zu einer europäischen Wirtschaftsmacht aufzusteigen, begann man, die Erdwärme zur Stromerzeugung zu nutzen. In jenem Jahr entstand in Larderello das erste geothermische Kraftwerk weltweit. Heute gehört es zum Energieversorger ENEL. Das Unternehmen investierte vor Einführung des Euros viele Liremilliarden in die Entwicklung und den Ausbau der Anlage. Lange Pipelines und riesige Kühltürme bestimmen seitdem das Tal des Teufels.

INFO

DAS ADLERNEST

Die nordöstlich von Larderello gelegene Rocca Sillana sieht man schon aus der Ferne. Legenden zufolge wurde an dem Ort in rund 530 Metern Höhe während des Römischen Bürgerkriegs eine erste Festung errichtet. Kein Wunder, denn von hier aus lassen sich wichtige Verbindungsstraßen verschiedener Täler kontrollieren. Im späten 15. Jahrhundert baute Starbaumeister Giuliano da Sangallo, berühmt für seine Wehranlagen, die Festung aus. Wie ein Adlernest erhebt sich die Burg auf dem Berg, umgeben von dichten Wäldern, ein weltabgeschiedener Ort. Die Festung ist fast intakt erhalten geblieben und bietet tolle Panoramablicke in die Umgebung. Allerdings muss man die Rocca zu Fuß erklimmen. Schweißtreibende 15 Minuten dauert der kurze Aufstieg – oben angekommen, lockt die Rundumsicht.

WEITERE INFORMATIONEN

museivaldicecina.it mit Infos zum Museo della Geotermia, auch deutsch
terredipisa.it
visittuscany.com
castellitoscani.com

↑ Ein wenig mühsam, aber sehr lohnend: die Wanderung zur Rocca Sillana
← Schon der berühmte Dante Alighieri war von den dampfenden Geysiren fasziniert.

33

ABBAZIA DI FARNETA – SCHÖN SCHLICHT

JAHRHUNDERTELANGE RETTUNG

In der Toskana herrscht nun wirklich kein Mangel an Klöstern und Klosterkirchen, auch aus dem Mittelalter. Aber die ungewöhnliche Abteikirche von Farneta präsentiert sich mit gleich drei Apsisbauten. Dass bisher noch niemand einen Krimi über ihre schwierige Freilegung geschrieben hat, kann nur erstaunen.

Das Gotteshaus Santa Maria Assunta, nicht weit von der Stadt Orvieto entfernt und mitten in der Natur gelegen, ist erstaunlich einfach gestaltet. Es gibt nur ein einziges Kirchenschiff, ein leicht erhöhtes Presbyterium und gleich drei Apsiden, also halbrundförmige Ausbuchtungen der Fassadenwand. Natürliche Beleuchtung wird durch die langgezogenen Bogenfenster garantiert. Die Form der Kirche entspricht dem griechischen Buchstaben Tau. Die Seite mit den Apsiden ist nach Osten ausgerichtet, Richtung Sonnenaufgang. Eine Bauform, die in der Frühromanik modern war. Das ehemalige Benediktinerkloster, zu dem die Kirche gehörte, ist uralt. Es wurde unter den Langobarden gegründet, aber erste Dokumente weisen die Existenz des Bauwerk erst im frühen 11. Jahrhundert nach. Ein einst sehr reiches Kloster: Im 13. Jahrhundert kontrollierten die Mönche einen Gutteil des Val di Chiana und nahmen vor allem mit dem Handel landwirtschaftlicher Güter viel Geld ein. Und so wurde das Kloster ständig um- und ausgebaut.

Doch dann kam der Verfall. Im 16. Jahrhundert ging es mit dem Kloster bergab. Die französischen Eroberer Italiens, entschieden antiklerikal, lösten die Klostergemeinschaft auf. Heute präsentiert sich die Anlage nur noch mit der Abteikirche und einige Ruinen und Nebengebäuden. Im 19. Jahrhundert wurde der Kirchturm, baufällig geworden, abgerissen. In den 1930er-Jahren unterzog man die Abteikirche einer gründlichen Restaurierung und entfernte allen nichtmittelalterlichen Zusatz. Zu sehen gibt es einige Fresken mit Heiligendarstellungen und eine hölzerne Christusfigur aus dem 16. Jahrhundert.

Geheimnisvolle Krypta

Faszinierend ist die Krypta der Abbazia di Farneta aus dem 9. oder 10. Jahrhundert. Dieser unterirdische Raum der Kirche wurde erst 1940 wiederentdeckt. Man hatte die mit Erdreich zugeschüttete Krypta schlichtweg vergessen! Wie im Gotteshaus darüber existieren auch hier drei Apsiden mit Nischen, die an Kleeblätter erinnern. Kurioserweise wurde nicht die ganze Krypta ausgegraben. Ihr Fußboden ist nicht zu sehen. Und so bleiben auch die unteren Teile der die Krypta tragenden Säulen verborgen. Sie befinden sich noch im Erdreich. Das hat einen statischen Grund. Die Säulen stammen aus der Antike. Beim Bau der Kirche wurden sie in der gesamten Umgebung zusammengesucht und kamen in Farneta erneut zum Einsatz. Viele der Säulenkapitelle zeigen einfach gestaltete Dekorationen aus der Romanik.

INFO

EIN FAST PERFEKTES OVAL

Man nehme einen Hügel und errichte darauf eine Kirche, in diesem Fall San Michele Arcangelo, mitten im Ortskern. Und man stelle sich vor, dass sämtliche anderen zivilen und sakralen Gebäude mehr oder weniger ringförmig um dieses Zentrum herum errichtet wurden. Dann noch ein fast komplett erhaltener Mauerring, und fertig ist Lucignano, eine kleine und sehr malerische Ortschaft mit knapp 3500 Einwohnern. Hier lebten zunächst die Etrusker, dann die Römer. Zur Zeit der Renaissance erhielt Lucignano sein heutiges Aussehen. Die Hauptkirche im Ortskern stammt aus dem 14. Jahrhundert wie auch die meisten anderen Sakralbauten. Das Museo Comunale, ein Palazzo aus dem 13. Jahrhundert, bietet eine kleine und sehr feine Gemäldegalerie, mit Werken von so berühmten Renaissancekünstlern wie Taddeo di Bartolo, Luca Signorelli und Lippo Vanni.

WEITERE INFORMATIONEN

abbaziafarneta.it
museodilucignano.it
borghiditoscana.net

↖ Ungewöhnlich selbst im an Kirchen reichen Italien: die drei Apsiden von Farneta
↑ Die ovale Anlage ist am besten aus der Luft erkennbar: das kuriose Lucignano.

34

MURLO – DAS ERBE DER ETRUSKER

EIN FALL FÜR DIE FORSCHUNG

In der winzigen Ortschaft sollen die letzten Nachfahren des vorrömischen Volks der Etrusker wohnen. Oder doch nicht? Immerhin lebten die Menschen hier über Jahrhunderte relativ isoliert. Tatsächlich ist die knapp 3000-Seelen-Gemeinde, 20 Kilometer südlich von Siena, zauberhaft schön und absolut sehenswert.

Im Jahr 1993 führte Professor Alberto Piazza, Professor für Humangenetik an der Universität Turin, Forschungen im Gebiet von Murlo und an anderen Orten in Italien und Europa durch. Er wollte durch die Kartierung der genetischen Vielfalt die Beziehungen zwischen den verschiedenen heutigen europäischen Populationen und den Nachkommen der alten Völker ermitteln. Es ging auch darum, auf wissenschaftlicher Grundlage und mithilfe genetischer Techniken zu überprüfen, welche der beiden historischen Theorien über die Herkunft der Etrusker die Richtige ist. Sind die Etrusker mit einer plötzlichen Wanderung aus Kleinasien und insbesondere aus Lydien, der heutigen Westtürkei, nach Italien gelangt, wie der griechische Historiker Herodot bereits 440 v. Chr. behauptete? Oder bildete sich die etruskische Kultur bereits in den später als Etrurien bezeichneten Gebieten, in der Toskana, in Latium und im westlichen Umbrien, aus den dort angesiedelten Völkern? Davon war der andere griechische Historiker, Dionysios von Halikarnassos, überzeugt.

Geschlossene Gesellschaft

Auch heute noch sind die Gelehrten uneins über diese beiden Theorien. Murlo wurde als repräsentatives Beispiel für die Toskana ausgewählt, und zwar aufgrund seiner geografischen Isolierung, die es historisch gesehen kennzeichnet, und des geringeren Einflusses der Migrationsströme nach der Antike. In Murlo entnahm Professor Piazza Blutproben, Speichel und Haare von 86 Einwohnern, deren Familien über Generationen hier leben. Die entnommenen Proben wurden im Rahmen des weltweiten Human Genome Diversity Projects mit den damals verfügbaren genetischen Techniken analysiert. Klare Resultate gibt es bisher nicht. Doch für Murlo bedeutete diese Studie internationale Berühmtheit: Die Zeitschrift »Le Figaro Magazine« titelte über einem Bürger von Murlo mit lehmverschmiertem Bart: »Exklusiv! Wir haben die Etrusker getroffen!«

Klar ist, dass Murlo von Etruskern gegründet wurde. Und klar ist, dass die fast kreisrunde kleine Ortschaft zweifellos zu den schönsten der Toskana gehört. Das pittoreske Dorf liegt auf einem Hügel in fast 300 Metern Höhe. Seine äußeren Wohnhäuser umgeben den Ortskern mit der Piazza fast wie eine Verteidigungsmauer. Es gibt keine großartigen Kirchen und Paläste zu bestaunen – nur diesen Dorfkern, der wie aus dem Bilderbuch wirkt. Wenn abends die wenigen Touristen verschwinden und die Einheimischen unter sich sind, legt sich ein ganz besonderer Zauber über Murlo.

← Leben hinter diesen Fassaden die genetischen Nachfahren der Etrusker?
↓ Mitten im Wald locken die romantischen Ruinen des Eremo di Montespecchio.

INFO

MALERISCHE RUINE

Nicht weit von Murlo entfernt lockt ein Geheimtipp mitten im Wald. Nur über einen Wanderweg ist dieser verwunschene Ort zu erreichen, an dem die eindrucksvollen Ruinen der Einsiedelei Eremo di Montespecchio aufragen. Erste Bauten entstanden um das 12. Jahrhundert, als sich Einsiedler hier niederließen. Ein einst reiches Kloster, denn die Brüder handelten mit dem schwarzen Marmor, der bei ihrem Kloster abgebaut wurde. Im 16. Jahrhundert stürzten aufgrund von Bodenbewegungen einige Teile der Klosteranlage ein. Im 18. Jahrhundert gab man das Kloster auf. Heute präsentiert sich die Ruine dem Wanderer als romantischer Ort, mit verwitternden Baudetails wie mittelalterlichen Dekorationen und Kapitellen.

WEITERE INFORMATIONEN

terredisiena.it, zu Murlo, auch englisch
wissenschaft.de, auf der Website findet sich der ausgezeichnete Artikel »Zweifelhafte Etrusker-Gene« zum Thema Murlo und Genforschung.
travellingtuscany.com
stradedisiena.it

35

MONTE AMIATA – DER ALLWETTERBERG

EIN LOHNENDER ABSTECHER

Im Winter ist der Monte Amiata ein beliebtes Skigebiet, im Sommer eignet er sich ideal für ausgiebige Wanderungen. Dennoch machen die meisten Italienreisenden einen weiten Bogen um den Berg. Wer Mitte August in der Gegend ist, sollte aber unbedingt vorbeischauen: Dann gibt es hier einen ursprünglichen Palio.

Von dem Vulkan ist nicht mehr viel geblieben. Der 1738 Meter hohe Monte Amiata war nur eine, erdgeschichtlich gerechnet, kurze Periode aktiv, vor rund 400 000 Jahren. Seitdem ist es still um ihn geworden, und er stellt im vulkanologisch sehr aktiven Italien schon längst keine Gefahr mehr dar. Nur Geysire und heiße Quellen an den Hängen des Bergmassivs, seit Jahrhunderten als Thermen genutzt, verweisen auf diesen Ursprung. Sicherlich, es gibt in knapp bemessenen Urlaubstagen Großartigeres zu sehen, vor allem in Sachen Kunst und Architektur, doch die Natur und die kleinen und verschlafen wirkenden Ortschaften am Monte Amiata sind ungemein reizvoll. Unbekannte und touristisch nur wenig frequentierte Toskana pur!

Wie etwa das seit Jahrhunderten mauerbewehrte Abbadia San Salvatore mit knapp 6500 Einwohnern. Der Ort geht auf die Gründung eines gleichnamigen Klosters aus dem 8. Jahrhundert zurück. Schmale Gassen, kleine Plätze und malerische Altbauten, von denen der überwiegende Teil aus dem Mittelalter stammt. Der graue Stein, aus dem die meisten Gebäude am Monte Amiata errichtet wurden, sorgt dafür, dass alles ein wenig düster wirkt. Die Abtei von San Salvatore verfügt über eine sehenswerte Krypta mit 36 Säulen aus Steinmonolithen. Das immer noch als Kloster genutzte Bauwerk besitzt eine Bibliothek mit uralten Dokumentenkostbarkeiten.

Der Palio von Piancastagnaio

Dicht schmiegen sich die Bauten der Altstadt im ebenfalls pittoresken Piancastagnaio aneinander, ein kleiner Ort mit rund 4000 Einwohnern. Um die Herrschaft über Piancastagnaio stritten sich jahrhundertelang Feudalherren. Sie errichteten eindrucksvolle Wehr- und Sakralbauten, unter anderem die mittelalterliche Burg Rocca Aldobrandesca. Die Kirche Pieve Santa Maria Assunta stammt aus dem 12. Jahrhundert. Renaissancefresken bietet die Chiesa della Madonna delle Grazie, und an die lange Geschichte des relativ friedlichen Zusammenlebens zwischen Christen und Juden in diesem Teil der Toskana erinnert eine Synagoge aus dem 17. Jahrhundert.

An jedem 18. August findet in Piancastagnaio der Palio statt. Wie beim bekannten Palio in Siena treten hier die Contraden, die Stadtteile, bei einem Pferderennen gegeneinander an. Diese Veranstaltung ist seit dem 16. Jahrhundert dokumentiert. Im Gegensatz zu Siena quillt Piancastagnaio bei diesem Volksfest allerdings nicht vor Touristen über.

INFO

DAS VERGESSENE ORATORIUM

Dass eine Ortschaft rund um eine Einsiedelei entsteht, ist selbst für die Toskana ein Unikum. 1015 errichteten die Kamaldulenser mitten in der Natur an den nördlichen Ausläufern des Monte Amiata eine mächtige Anlage. Die wurde später zerstört. Aber in der Zwischenzeit hatten sich Menschen hier niedergelassen und Vivo d'Orcia gegründet, heute ein Geheimtipp. Aus dem zerstörten Kloster wurde im 16. Jahrhundert der Palazzo Cervini, der wie ein Bollwerk in die Höhe ragt – ein Meisterwerk des Baumeisters Antonio da Sangallo der Jüngere. In den Wäldern außerhalb der Ortschaft, in dem nur rund 500 Menschen in großer Stille leben, befindet sich das Oratorio di San Benedetto, wahrscheinlich aus dem 12. Jahrhundert.

WEITERE INFORMATIONEN

visittuscany.com, auch auf Deutsch
Ringsum den Monte Amiata und am Berg selbst kann es zwischen Herbst und Frühling viel regnen und stürmen. Wetterfeste Kleidung nicht vergessen!
monteamiata.it
prolocopiancastagnaio.it

↑ Von dichtem Blattwerk umgeben: das zauberhafte Oratorio di San Benedetto
← An der charakteristischen Form auch von weither zu erkennen: der Monte Amiata

Romanische Säulen in der Krypta der Abtei San Salvatore am Monte Amiata

36

BAGNI SAN FILIPPO – HEISSER TIPP

BADEVERGNÜGEN IN NATURWANNEN

Die heißen Quellen von Bagni San Filippo bei Castiglione d'Orcia gehören ohne jeden Zweifel zu den malerischsten Naturthermen der ganzen Toskana. Ein idealer Ort, um sich zu entspannen und einen schönen Tag am und im Wasser zu verbringen. Und überdies immer noch ein Geheimtipp für ausländische Reisende.

Was für ein Ort! Der erste Eindruck: eine Lawine, die sich einen Hang hinunterwälzt. Oder gewälzt hat, denn die Lawine wirkt wie versteinert. Bei genauerem Hinsehen fallen Naturbecken auf, darin azurblaues Wasser, ringsum stehen Laubbäume. Eine Szene wie auf einem Gemälde oder von einem Ort, den man so in der Toskana nie vermuten würde. Dieser zauberhafte Flecken liegt mitten in der Natur in rund 520 Metern Höhe an den Hängen des Monte Amiata, nahe des malerischen Dorfes Castiglione d'Orcia.

Ein Wasserfall wie ein Walmaul

Der kleine Kurort ist für die heilende Wirkung seines schwefelhaltigen, kalkreichen Wassers bekannt. Im Tal mündet das Quellwasser in einen Bach, den Fosso Bianco, mit seinen Wasserfällen und Kalksteinschluchten. Einer der eindrucksvollsten Bereiche der Anlage ist die Balena Bianca, ein Wasserfall, der vage an das Maul eines Wals erinnert. Das heißeste Wasser erreicht eine Temperatur von 48 °C. Hier badeten schon die Etrusker. Später waren es die langjährigen Herrscher der Toskana, die Medici, die die uralte Thermenanlage umbauten. Damals ein so berühmter Ort, dass Renaissance-Autor Niccolò Machiavelli in seiner berühmten Komödie »Mandragola« empfahl, »in San Filippo zu baden«. So wurden die Kalkwannen in der ganzen Region bekannt. Freilich nicht so bekannt, dass sich heute viele ausländische Reisende hierher verirren würden. Ein Fehler, denn ein Bad in den Wannen ist eine echte Wonne!

Nicht weit von den Thermen entfernt, in der Nähe des Bachs Rondinaia, entspringt ein leicht eisenhaltiges, saures Mineralwasser, das Acqua Santa, »heiliges Wasser« oder auch »Weihwasser«, genannt wird, soll es doch bei Magenbeschwerden, Leber- und Milzleiden Wunder wirken. Im Laufe des 20. Jahrhunderts wurden hier zahlreiche Ausgrabungen durchgeführt, um das Mineral Zinnober zu gewinnen. Noch heute sind die Überreste von Minenstrukturen (Öfen, Schächte usw.), von Gasaustritten und von heißen Quellen zu erkennen, die aus dem Untergrund sprudeln und Kalkstein ablagern, der während des Sedimentationsprozesses zu Travertin wird. Der Namen des Thermalorts geht auf Filippo Benzi zurück. Der Ordensmann lebte im 13. Jahrhundert. Ein Toskaner, der sich 1269 in eine später nach ihm benannte Grotte am Monte Amiata zurückzog – befürchtete er doch, nach dem Tod von Papst Klemens IV. zu dessen Nachfolger gewählt zu werden. Es scheint so, als hätte Filippo Benzi die heißen Quellen dem Vatikan vorgezogen.

INFO

LUXURIÖSES LANDGUT

Etwa 20 Autominuten von der Therme entfernt lockt ein herrlicher Garten. Die toskanisch-britische Adelsfamilie Origo ließ ihn Mitte des 20. Jahrhunderts von dem englischen Landschaftsarchitekten Cecil Pinsent anlegen, direkt bei der barocken Villa La Foce, die noch heute von den Nachfahren der Origos bewohnt wird. Der Garten sieht von oben wie ein Dreieck aus, das auf eine Spitze zuläuft. Hier gibt es ein Belvedere, dass den Blick auf das ganze Val d'Orcia freigibt. Der Garten kann besichtigt werden. Die Besitzerfamilie hat einige ehemalige Bauernhäuser in der Umgebung ihrer Villa zu komfortablen Ferienhäusern umbauen lassen. Jedes dieser Chalets bietet herrliche Sicht ins Tal. Das familieneigene Restaurant Dopolavoro überzeugt mit bester toskanischer Küche.

WEITERE INFORMATIONEN

to-toskana.de, zur Terme di San Filippo, auf Deutsch
bagnisanfilippoterme.it
Am besten mit trittsicheren Badesandalen ins Wasser!
lafoce.com, auch auf Englisch

↖ **Freiluftbaden zu jeder Jahres- und Uhrzeit: die Kalkwannen der Bagni San Filippo**
↑ **Moderner Landschaftsgarten der Villa La Foce mit Ausblick ins Val d'Orcia**

37

RADICOFANI – FANTASTISCHER TURM

IN JEDER HINSICHT HERAUSRAGEND

Schon von Weitem ist der massive Turm auf dem Berggipfel zu erkennen. Ein Turm, der eine lange und spannende Geschichte zu erzählen hat – beispielsweise über seine wechselnden Besitzverhältnisse. Zu den Eigentümern gehörten unter anderem der Papst und ein landbekannter Krimineller, der die Festung als Unterschlupf nutzte.

Von der luftigen Höhe des Rocca di Radicofani in rund 800 Metern ragt der Turm in den Himmel. Er dominiert die gesamte Region, denn er ist gut zu sehen, bis hin zum Val d'Orcia und dem Monte Amiata, und auch von Pienza aus lässt sich der Turm bei klarem Wetter erkennen. Um die Bergspitze hat es lange Kämpfe gegeben. 1081 raubten die Grafen Aldobrandini einer Abtei den Berg. Im 12. Jahrhundert gelangte er unter die Herrschaft Sienas, doch später, und mit Hilfe der Päpste in Rom, kam die ganze Gegend wieder in den Besitz der Kirche. Papst Hadrian IV. ließ den Berggipfel mit einer Wehranlage befestigen, um mögliche Angreifer abzuwehren. Doch das verhinderte nicht, dass sich die Städte Orvieto und Siena permanent um den Berg stritten.

Ein ritterlicher Räuber

1297 geschah etwas Unerhörtes. Ghino di Tacco eroberte die Festung von Radicofani. Tacco war ein Brigante, eine Art Bandit, der von jedem, der die umliegenden Straßen benutzen wollte, ein Schutzgeld verlangte. Der gewiefte Gauner machte mit seinen mehr als 400 Soldaten die gesamte Gegend unsicher. Der Papst und die Stadtstaaten Siena und Orvieto ließen nichts unversucht, den Mann zur Strecke zu bringen. Dass sein Andenken überlebte, ist auch Italiens Dichterfürst Dante Alighieri zu verdanken. Er siedelte ihn im Fegefeuer seiner »Göttlichen Komödie« an, nicht nur als Bösewicht, sondern auch als jemanden, der als ritterlicher Gauner auftrat.

Nach weiteren militärischen Streitereien um den Berg, der strategisch wegen seiner exzellenten Sicht auf die gesamte Umgebung von großer Wichtigkeit war, wurde schließlich Siena die neue Besitzerin. Und die Sienesen bauten eine neue und mächtige Festung. Die letzten Um- und Ausbauten erfolgten Mitte des 16. Jahrhunderts durch Cosimo I. Medici, Großherzog der Toskana, der letztendlich Herrscher über die gesamte Toskana wurde. Die Ruine der Rocca di Radicofani fasziniert vor allem durch ihren mächtigen *Mastio,* den Burgturm. Während des Faschismus wurde dieser Turm komplett renoviert. Mit ein wenig Fantasie, denn niemand wusste mehr, wie er einst wirklich aussah. Im Turm ist heute ein archäologisches Museum untergebracht. Die Aussicht von den Zinnen ist bei wolkenlosem Wetter ohne Übertreibung gigantisch! Unterhalb der Burg schmiegt sich die Ortschaft Radicofani an den Berg. Die Pieve San Pietro aus dem 13. Jahrhundert besitzt eine Terrakotta-Madonna von Andrea della Robbia.

INFO

EIN GARTEN VOLLER RÄTSEL

Im 19. Jahrhundert entstand in der Gegend bei Radicofani einer der kuriosesten, aber immer noch weithin unbekannten Gärten der Toskana: Der Bosco Isabella ist der Realität gewordene Traum der Politikerfamilie Lucchini. Mitten im Wald schufen sie einen esoterisch angehauchten Skulpturengarten auf 2,5 Hektar Land. Bei einem Spaziergang durch dieses zauberhafte Stück Natur stößt man auf eine Pyramide, einen symbolhaften Bau, der auf das Freimaurertum der Gartenbesitzer verweist, umgeben von vielen Bäumen. Die Lucchinis entdeckten auf dem Grundstück auch antike und mittelalterliche Gebäudereste und integrierten sie in ihren Garten. Sie pflanzten verschiedene, auch exotische Arten an Bäumen und Büschen, sodass der Besuch zu jeder Jahreszeit ein Erlebnis ist.

WEITERE INFORMATIONEN

comune.radicofani.siena.it
komoot.de, die Touren-Website listet mehrere Wanderungen rund um Radicofani auf, von ganz einfach bis anstrengend
parcodellavaldorcia.com

↑ Die geheimnisvolle Pyramide steht versteckt im Freimaurerpark Bosco Isabella.
← In Wolken gehüllt, wirkt die Festung von Radicofani überaus märchenhaft.

38

VIE CAVE – WEHRHAFTE WEGE

DEN ETRUSKERN AUF DER SPUR

Die Vie Cave in der Provinz Grosseto sind gewiss die kuriosesten Straßen, oder genauer, Wege, die Italien zu bieten hat. Die Hohlwege durch den Tuffstein werden von Urlaubern allerdings nur selten beschritten, was romantische Momente in der Natur und eine intensive Begegnung mit der etruskischen Vergangenheit garantiert.

Schnurgerade, in Kurven oder geschlängelt: Die Straßen der Etrusker führen mitten durch Felsen. Felsen, die bis zu 20 Meter hoch reichen können, aber für die antiken Straßenbauer offenbar kein Hindernis darstellten, um die sogenannten Vie Cave, zu schaffen. Die Hohlwege wurden in den Jahrhunderten vor Christus, als im Süden der Toskana die Etrusker lebten und herrschten, in den Stein gehauen. Wer sie begeht, hat den Eindruck, dass die Wege immer schmaler und dunkler werden, denn je tiefer man in die Wälder und in die Felsmassive vordringt, desto weniger Sonnenlicht fällt ein. Jahrtausendealte Wege, die heute wie von der Natur geschaffene Canyons wirken. Zumeist liegen diese einst von den Etruskern intensiv frequentierten Straßen mitten in den Wäldern, zu erreichen nur über Fuß- und Wanderpfade.

Die Direttissima

Die aus den Felsen geschlagenen Straßenabschnitte gehören zu einem weitverzweigten Kommunikationsnetz, das ehemals Städte und Nekropolen miteinander verband. Die Vie Cave finden sich vor allem bei den jetzigen Ortschaften Pitigliano, Sovana und Sorano, also im Kernland der Etrusker. In der Landschaft, etwa rund um Pitigliano, stellten sich den Baumeistern in den Niederungen zwischen den auf Hügeln errichteten Ortschaften immer wieder Tuffsteinfelsen in den Weg. Anstatt Ausweichrouten zu bauen, entschieden sich die Etrusker, den weichen Tuffstein zu bearbeiten. Die Vie Cave bei der Ortschaft Sovana gehören heute zu einem archäologischen Park. Über dieses Straßennetz erreicht man durch dichte Wälder und über malerische Lichtungen die Orte Sorano und Pitigliano. Die wichtigsten Verbindungen sind die Via Cava di San Sebastiano und die Via Cava di Poggio Prisca.

Bei Sorano beginnen die Vie Cave am Ortsausgang Porta dei Merli. Der Weg führt anfangs ins Tal hinab zum Flüsschen Lente. Die Via Cava di San Rocco hingegen windet sich einem Sorano gegenüberliegenden Hügel hinauf, vorbei an einer verfallenen Kirche aus romanischer Zeit. Hinter dieser Ruine finden Wanderer eine ausgedehnte Nekropole der Etrusker mit zahllosen Gräbern, einige ziemlich groß und beeindruckend, die allesamt aus dem Tuff geschlagen wurden. Es ist ein schaurig-schönes Erlebnis, diese Vie Cave abzugehen und einige Zeit später bei einer Totenstadt oder einem malerischen Dorf anzukommen. Für sämtliche Etruskerwege reichen gutes Schuhwerk und ein wenig Ausdauer.

← Wo schon die Etrusker vor rund 2500 Jahren unterwegs waren: die Vie Cave
↓ Nur eine Piazza, ein paar kleine Wohnhäuser und dazu eine Kirche: Montemerano

INFO

ZAUBERHAFTER ZANKAPFEL
Wahrscheinlich wurde Montemerano von Etruskern gegründet. Klar ist, dass hier in 290 Metern Höhe die Römer lebten. Noch heute präsentiert sich diese kleine Ortschaft der Maremma mit ihren weniger als 500 Einwohnern als mittelalterliche Zauberkulisse. Besucherinnen und Besucher haben den Eindruck, dass in diesem uralten Ort die Vergangenheit eingefroren ist. Eine ideale Kulisse für einen Aperitif oder zum Bummeln. Zu besichtigen gibt es die Chiesa di San Giorgio aus dem 15. Jahrhundert und die älteste Kirche Montemeranos, die Pieve di San Lorenzo aus dem 12. Jahrhundert. Montemerano war im Mittelalter oft ein Zankapfel zwischen den Fürsten der Toskana. Aus dieser Zeit stammen die mächtigen Wehrmauern. Sie wurden ab dem 12. Jahrhundert errichtet. Montemerano wurde vor einigen Jahren als einer der schönste Orte Italiens ausgezeichnet.

WEITERE INFORMATIONEN
maremmageheimtipp.com, auf Deutsch
zu den Vie Cave
Maremma-Blog, agriturismoverde.com

39

PITIGLIANO – PRIVILEGIERTE LAGE

DAS TOSKANISCHE JERUSALEM

Ins malerische Pitigliano, 313 Meter hoch auf einem von Wäldern umgebenen Felsen gelegen, kommen vor allem Kenner der Region, darunter viele Juden. Das liegt an der langen gemeinsamen Geschichte, die im 16. Jahrhundert ihren Anfang nahm.

Die kleine Ortschaft mit nur etwa mehr als 3000 Einwohnern, im fünften vorchristlichen Jahrhundert eine mächtige Etruskerstadt, hieß lange »Das kleine Jerusalem«. Hinter diesem kuriosen Namen verbirgt sich eine selbst vielen Italienern unbekannte, aber faszinierende Geschichte. 1556 wurde Pitigliano von Niccolò IV. aus dem Geschlecht der Orsini regiert. Dieser für seine Zeit ziemlich aufgeklärte und tolerante Fürst hatte einen persönlichen Medikus, und der war Jude. Der Fürst schätzte seinen Arzt so sehr, dass er ihm Land schenkte, bei Pitigliano, im Süden der Toskana, damit dieser einen Friedhof für die jüdische Gemeinschaft anlegen könne.

Freiheit trotz Ghetto

Im Jahr 1598 wurde in Pitigliano eine erste Synagoge errichtet. Es gab einen jüdischen Ofen für das rituelle Brot und ein Stadtviertel, in dem die Juden lebten, die in Pitigliano erstaunlich gut integriert waren. Ab 1608 gehörte Pitigliano zum Großherzogtum Toskana. Obwohl die Medici 1622 ein Ghetto einrichteten, genossen die toskanischen Juden weitaus mehr Freiheiten und Rechte als ihre Glaubensgenossen im übrigen Europa. Die Medici wussten, dass ihre jüdischen Mitbürger wichtig waren für Wirtschaft, Handel und Kultur. So gab es in der Toskana nie brutale Pogrome oder anderen Formen der Judenverfolgung, wie man sie aus dem Deutschen Reich und aus Spanien kannte. Auch in anderen toskanischen Städten, wie etwa in Livorno und Florenz, Siena und Sorano, entstanden jüdische Gemeinden mit Bewohnern, die weitgehend integriert waren. In Pitigliano machte die jüdische Gemeinde im 19. Jahrhundert ein Fünftel der Gesamtbevölkerung aus. Damals entstand der Beiname Pitiglianos als »Das kleine Jerusalem«.

Die Wiederentdeckung der jüdischen Kultur

Als Italiens Juden 1861 mit der Staatseinigung die vollen Bürgerrechte erhielten, wanderten etliche von ihnen aus den kleinen toskanischen Ortschaften in die größeren Städte. Auch in Pitigliano blieben nur wenige jüdische Bürger. 1938, als Benito Mussolini in Italien Rassengesetze erließ, lebten dort noch 70 Juden. Mit der Besetzung Mittelitaliens durch die Deutschen 1943 wurden 22 deportiert. Die anderen überlebten den Holocaust. Sie wurden von katholischen Familien, Geistlichen und Ordensleuten gerettet. Aus einigen Orten in der Toskana sind solche heldenhaften Geschichten überliefert.

Nach dem Ende des Faschismus verfielen in Pitigliano die historische Synagoge, eine der am besten erhaltenen ganz Italiens, etliche Gebäude des Ghettos und der Ofen. In den

← Der Campanile der Kirche Santi Pietro e Paolo war ursprünglich ein mittelalterlicher Geschlechterturm. Seine Glocken wurden 1726 gegossen.

Jahren wurden diese Relikte einer vergangenen Kultur aufwändig restauriert. Heute sind sie Teil des »Parcours der jüdischen Kultur in Pitigliano«. Zu besichtigen ist auch ein Museum, das die erstaunliche Geschichte der jüdischen Gemeinde in Pitigliano erzählt.

Ein Knüppel wird Gebäck

Und es gibt, denn schließlich ist ja auch die südliche Toskana eine Weinregion, eine Cantina Kasher. Hier kommt der nach der überlieferten Tradition der Rabbiner gekelterte und ausgezeichnete koschere Weißwein auf den Tisch. Im historischen jüdischen Ofen wird wieder ungesäuertes *Azzimo*-Brot gebacken, und einige Bäckereien produzieren jüdische Spezialitäten.

Ein Gebäck aber findet sich nur in Pitigliano: der *Sfratto dei goym*. Das ist ein zwischen 20 und 30 Zentimeter langer Gebäck»knüppel«. Sein Durchmesser liegt bei etwa fünf Zentimetern. Er besteht aus Mehl, Weißwein, Zucker, Eiern, Honig, Hasel- und anderen Nüssen, aber auch Rosinen, je nach Geschmack, und den geriebenen Schalen von Zitronen oder Orangen. *Sfratto dei goym* bedeutet zu Deutsch in etwa »Rauswurf durch die Nichtjuden«. Dieses Gebäck verkörpert jene Knüppel, die die Gerichtsvollzieher nutzten, um die jüdischen Bewohner Pitiglianos aus ihren Wohnungen zu werfen. Die Beamten schlugen mit einem Stock an die Haustüren der jüdischen Mitbürger und schüchterten sie derart ein, dass sie einem Umzug in das neue Ghetto zustimmten. Diese Vertreibung mit den Knüppeln geschah im frühen 17. Jahrhundert, als Cosimo II. Medici an der Via Marghera, direkt bei der Kathedrale, das Ghetto einrichten ließ, um dort alle städtischen Juden zu sammeln. Das Gebäck *Sfratto dei goym* erinnert an diese Schicksalsjahre, die die christlichen Bewohner Pitiglianos freilich nicht daran hinderten, trotz des fürstlichen Edikts der Medici aus Florenz, weiterhin mit ihren jüdischen Mitbürgern Kontakte zu pflegen und Handel zu treiben. Zu eng und zu gut waren die Beziehungen zwischen beiden Religionsgruppen in der Kleinstadt, als dass ein Edikt sie hätte beenden können.

Das Gebäck entstand erst im 18. Jahrhundert, als Erinnerung und Mahnung an die Zeit der Einquartierung ins Ghetto. Anfangs wurde es nur von den jüdischen Bäckern zubereitet, doch bald zogen auch die anderen Bäckereien der Stadt nach. Bei der Zubereitung gibt es einige wenige Unterschiede, wie etwa die Beigabe von Eiern, auf die jüdische Bäcker verzichten.

Zunächst wurde der süße Knüppel nur in der Zeit rund um Chanukka, dem jüdischen Lichterfest, das in die Zeit der christlichen Weihnachtsfeier fällt, gebacken und verkauft. Heute bieten Bäcker in Pitigliano den *Sfratto dei goym* das ganze Jahr über an. Ein beliebtes Mitbringsel für Touristen, die die von den Etruskern gegründete Ortschaft zunehmend für sich entdecken. Serviert wird der »Knüppel der Nichtjuden« traditionell in dünnen Scheiben.

↗ Die Altstadt von Pitigliano wie auch die jüdischen Bauten, darunter eine komplett erhaltene Synagoge, wurden allesamt restauriert.
← Klassisches jüdisches Gebäck mit langer Geschichte: der Sfratto dei goym. Muskatnuss, Zimt und Anis würzen den süßen Teig.

INFO

TUFFSTEIN FÜR DIE TOTEN

Mitten im Grünen, zwischen Feldern und Waldgebieten, kann man den Etruskern einen Besuch abstatten. Der Parco archeologico Città del Tufo bietet eine fast komplett erhaltene Totenstadt, die Necropoli di Sovana. Zu ihr gehört die monumentale Grabstätte Tomba Ildebranda, die sich wie ein Tempel mit Säulen präsentiert, aus dem 3. Jahrhundert v. Chr. Man erkennt genau, wie die etruskischen Baumeister sämtliche Bauten aus Tuffstein errichtet oder sie in das weiche Gestein geschlagen haben. Das wird in der Tomba della Sirena deutlich, wo man die Grabstätte in den Tuff hineinbaute. Der Umstand, dass diese Nekropole heute mitten im Grünen liegen, verleiht der Gegend, die nicht viel besucht ist, romantisches Flair.

WEITERE INFORMATIONEN

pitigliano.org
visitjewishitaly.it, auch auf Englisch
Die meisten der jüdischen Sehenswürdigkeiten und Erinnerungsstätten können besichtigt werden. Am besten vor der Reise nach Pitigliano online die Öffnungszeiten kontrollieren. Wer noch tiefer in die jüdische Geschichte einsteigen will, sollte das Museo di Cultura ebraica besuchen, Vicolo Marghera, 58017 Pitigliano.
cittadeltufo.com
Sfratto-Rezept, agrodolce.it

Totenstadt heute mitten in der Natur, mit erstaunlich gut erhaltenen Gräbern

40

UCCELLINA-PARK – MAREMMA PUR

ZEIT FÜR EINE NEUENTDECKUNG

Eine der einsamsten Gegenden Italiens lockt mit einem der schönsten Naturschutzparks des Landes, dem Parco dell'Uccellina im äußersten Südwesten der Toskana. In der lange Zeit vernachlässigten Region haben sich viele Orte ihre Ursprünglichkeit bis heute bewahren können. Eine Erkundungstour durch die Maremma.

In der sumpfigen und feuchten Landschaft der Maremma geht es nicht immer nur friedlich zu. Wenn Gruppen von Rindern und Wildpferden auftauchen, fliegen Silberreiher und graue Fischreiher auf. Graugänse recken ihre Hälse und machen sich auf den Weg zu ruhigeren Plätzen. Krickenten und Kormorane, Wasserhühner und Rohrdommeln, Pfeifenten und Grünschenkel suchen das Weite. Sie bringen sich in Sicherheit, wenn die Tierherden – geführt von den *Butteri,* den berühmten Cowboys des wilden Westens der Toskana – antraben. Kräftige Kerle sind diese Reiter, die bei der *Merca,* der Brandmarkung der Maremma-Rinder, Jungtiere mit bloßen Händen bezwingen; dieses Ritual wiederholt sich jedes Jahr am 1. Mai während eines Volksfests. Echte Cowboys, vielleicht die letzten Europas!

Armut, Not und Krankheiten

Die Maremma, diesen Landstrich am Meer, kennzeichneten über Jahrhunderte Sümpfe und Malaria, große Not und Armut. Reisende mieden die Gegend, und so ließ sie sich in nur wenigen älteren Reiseführern finden. Unter den Römern war hier allerdings eine der Kornkammern des Reichs. Große Farmen hatten das Land untereinander aufgeteilt. Als Rom aus seiner neuen Provinz Ägypten jedoch billigeres Korn zu importieren begann, bedeutete dies mit der Zeit den langsamen Ruin der Maremma. Ein jahrhundertelanger Prozess, denn Industrieansiedlungen gab es hier nie. Die vorherrschende Armut führte zum berühmt-berüchtigten Banditenwesen, das sich hier seit dem 18. Jahrhundert zunehmend ausbreitete und Ende des 19. Jahrhunderts seine Blütezeit erlebte. Die Polizei des in der Mitte des letzten Jahrhunderts politisch geeinten Italiens brauchte Jahrzehnte und äußerst brutale Methoden, um die Banden letztlich in den Griff zu bekommen. Unter Benito Mussolini wurden dann viele Sümpfe trockengelegt. Es entstand neues Ackerland. Seit 1945 ist niemand mehr an Malaria erkrankt. Die Auswirkungen jahrhundertelanger Einsamkeit sind in der Maremma aber noch überall spürbar. Die Bewohner sind oft spröde und wortkarg. Die Landschaft wird bis jetzt in weiten Teilen von einer wilden Natur bestimmt – vor allem im Uccellina-Park.

Ein Park fürs Herz

Der Parco Regionale ist ein 10 000 Hektar großes Gebiet südlich von Grosseto, das zu den unberührtesten und schönsten Gegenden von ganz Italien gehört. Die Parkverwaltung organisiert abends, kurz vor Einbruch der Dunkelheit, geführte Wanderungen. Ausgerüstet mit einem Fernglas und festem Schuhwerk hält man nach wilden Tieren Ausschau, die in der Dämmerung auf Nahrungssuche ge-

→ Fast wie auf den Malediven: azurblaues Wasser, feinster Sand und ein weiter Himmel

← Butteri werden die Cowboys der Toskana genannt, das dazugehörige Pferd heißt Maremmano.
↙ Fast wie in einem antiken Laden: etruskische Tonwaren, hübsch arrangiert im Museum in Vetulonia
↘ Der mittelalterliche Wachturm Torre di Castel Marino im Maremma-Park hat Blick aufs Meer.

hen. Begegnungen der besonderen Art sind garantiert, denn die Guides kennen den Park wie ihre Westentasche. Vor allem der Anblick der Wildpferde ist wunderschön, wenn diese durch die Sumpfgebiete galoppieren und im Hintergrund die Sonne blutrot über dem Meer untergeht. Wer abends den Park nicht verlassen will, sondern hier übernachten möchte, der muss Le Cannelle aufsuchen.

Nur ortskundige Führer finden diese versteckten Unterkünfte, die aus kleinen Cottages und einem mittelalterlichen Turm bestehen. Man ist dort unter sich mitten in der Natur. Die nächtlichen Geräusche sind den meisten Parkbesuchern so unbekannt, dass sie sich wie in einer längst vergangenen Welt fühlen.

Der Farm Club Le Cannelle besteht aus einem Landgut mit Gästezimmern, einigen wenige Bungalows sowie einer der ganz seltenen Möglichkeiten, in einer Villa am Meer und mitten im Naturschutzpark zu übernachten. Es wird Vollpension serviert, um zu vermeiden, dass die ruhesuchenden Gäste mit dem Auto den Park verlassen müssen. Mittags gibt es Picknickkörbe für alle, die sich an ein stilles Plätzchen im Park zurückziehen wollen. Zwar verfügt Le Cannelle über keine Sandstrände, doch ist das Meer bequem zu erreichen. Wer den ganz besonderen Kick im Naturschutzpark sucht: Im einstigen Wachturm Torre Rivolta aus dem 16. Jahrhundert ist eine bequeme Ferienwohnung ausgebaut. Der Blick aus den Fenstern ist umwerfend.

Das Kontrastprogramm

Obwohl inzwischen Naturreservate wie die Uccellina zum Inbegriff der Maremma geworden sind, hat diese Region doch sehr viel mehr zu bieten. Vor allem ist sie nicht überlaufen: Ausländische Reisende verirren sich nur selten hierher. Nicht weit vom Naturschutzpark entfernt liegt das ebenfalls eher untertouristische Grosseto. Obwohl die Kleinstadt in Sachen Schönheit mit den meisten anderen Städten der Toskana nicht mithalten kann, lohnt dennoch ein Besuch im Dom San Lorenzo sowie im Museo Archeologico e d'Arte, in dem viele Fundstücke aus den etruskischen Nekropolen der Umgebung gezeigt werden.

Zehn Kilometer nordöstlich von Grosseto wurden vor wenigen Jahren die Ruinen von Roselle ausgegraben. Dabei handelt es sich um eine etruskische Stadt, deren Mauerreste von Straßen, Thermen, einem Amphitheater, einem Forum, von einem Tempel und einer Basilika bis heute beeindrucken. Eine andere und ebenso faszinierende Ruinenanlage befindet sich in Vetulonia, ehedem *Vatluna,* etwa 20 Kilometer nordwestlich von Grosseto. Diese etruskische Nekropole aus dem siebten vorchristlichen Jahrhundert kennzeichnen verschiedene Grabhügel, die auch von innen besichtigt werden können. Wobei man beim Betreten dieser antiken Gräber vorsichtig sein sollte, denn in der etruskischen Wildnis könnten Vipern und Skorpione lauern.

INFO

KLEIN, ABER SEHENSWERT

Noch heute ist die Altstadt von Magliano in Toscana von einer eindrucksvollen mittelalterlichen Wehrmauer umgeben. In der Renaissance wurde sie ausgebaut mit hohen Mauern und dicken Türmen. Magliano war in der Antike von den Etruskern bewohnt. Der Ort war eines ihrer Zentren, was die vielen etruskischen Nekropolen in der Umgebung erklärt. Jetzt ist Magliano eine kleine Ortschaft, keine 3500 Menschen leben hier. Die Altstadt bietet viel Sehenswertes; vor allem die romanische Kirche San Giovanni Battista aus dem 13. Jahrhundert mit einem kreisrunden Fenster an der Hauptfassade sowie mit zahlreichen Fresken sollte man sich ansehen. Die Fassade stammt aus dem Jahr 1471. Außerhalb Maglianos erhebt sich die Ruine des Monastero di San Bruzio aus dem 12. Jahrhundert mit reich verzierten Kapitellen. Mönche des Kamalduenser-Ordens, gegründet vom heiligen Romuald von Camaldoli, hatten die Abtei errichtet.

WEITERE INFORMATIONEN

parco-maremma.it

Den *Butteri* beim Arbeiten zuschauen: Das ist bei verschiedenen Agriturismi möglich, etwa bei der Fattoria San Lorenzo, fattoriasanlorenzo.de

thecaesarhotels.com, für Le Cannelle

tuttomaremma.com zu San Bruzio, auch auf Englisch

Renaissancekirche San Giovanni Battista in Magliano in Toscana

41

MONTE ARGENTARIO – PERFEKTER FELS

EINSAM AUCH IN DER HOCHSAISON

Obwohl sie unter italienischen Urlaubern hoch im Kurs steht, gilt die Halbinsel Monte Argentario bei Toskanareisenden noch als Geheimtipp. Ihnen entgeht eine traumhafte Mischung aus Fels und Macchia, garniert mit Stränden und Hafenstädtchen.

Für viele Römer gehört es zur Familientradition, im Sommer einige Wochen auf den Monte Argentario umzusiedeln. In alte und neue Villen, die über Gärten, Terrassen und fast immer einen umwerfenden Blick auf das Meer verfügen. Die Luft am Argentario ist ausgezeichnet, das Wasser glasklar, die Strände traumhaft und die Orte verführerisch. Und wenn es zu heiß wird, kann man den Gipfel Punta Telegrafo besuchen. Der ist 635 Meter hoch, und fast immer weht eine frische Brise.

Vor allem im Innern der Halbinsel wird der ganze Reichtum der Flora sichtbar. Viele endemische und seltene Baum- und Pflanzenarten wachsen hier und sorgen auf Wanderungen für schöne Entdeckungen. Der Argentario, das ist für viele Italiener, vor allem aus Rom und Umgebung, eine Art Zauberwort; es weckt Erinnerungen an Ferien mit den Eltern und Erholung vom Feinsten. Nichtitaliener findet man hier her selten.

Ein Geschenk aus Rom

Die Halbinsel trägt den Namen des Bergs: Argentario. Die Ersten, die sich hier niederließen, waren, wie kann es anders sein, die umtriebigen Etrusker. Auf sie folgte eine römische Familie. Die Domizi Enobarbi erhielten die Halbinsel als Entschädigung für die enormen Finanzmittel, mit denen sie die römische Republik während des Zweiten Punischen Kriegs gegen die Karthager unterstützt hatten. An der Küste entstanden verschiedene Häfen. Von hier aus wurden Waren nach Südfrankreich transportiert und umgekehrt.

Wildromantisch und gefährlich ging es auf dem Monte Argentario im Mittelalter zu. Die römische Straße Via Aurelia, die an der Halbinsel vorbeiführt und die jahrhundertelang für Verkehr, Wachstum und Handel gesorgt hatte, wurde nach dem Zusammenbruch des Römischen Reichs nur noch selten genutzt. Und die nahe Maremma verwandelte sich ohne die ständige Pflege der Römer zu einem ungesunden Sumpfgebiet, in dem sich kriminelle Banden niederließen. Nur noch wenige Menschen lebten damals in den Hauptortschaften Porto Santo Stefano und Porto Ercole. Obwohl römische Adelsfamilien, spanische Eroberer und toskanische Habsburger die Halbinsel für sich beanspruchten, blieb das gesamte Gebiet wirtschaftlich unterentwickelt und zog nicht viele Menschen an, die sich hier hätten dauerhaft niederlassen wollen.

Im Zweiten Weltkrieg richteten die deutschen Besatzer Mittel- und Norditaliens eine wichtige Militärbasis auf der Halbinsel ein. Kein Wunder also, dass der Monte Argentario durch alliierte Flieger heftig bombardiert wurde. Dieser

← Tiefblaues Meer, weite Blicke und eine mit üppigem Grün bestandene Küste, garniert von Villen: zauberhafter Monte Argentario

Bombenhagel war so stark, dass die bewohnten Gebiete der Halbinsel zu den am zweitstärksten zerstörten Regionen ganz Italiens während des Zweiten Weltkriegs gehörten.

Tempi passati, »vergangene Zeiten«, wie die Italiener sagen. Heute präsentieren sich Porto Santo Stefano und die gesamte Halbinsel wieder in ihrer ganzen Schönheit. Porto Ercole und Porto Santo Stefano wirken wie Postkartenschönheiten, mit ihren herausgeputzten Häusern, eleganten Hotels, Yachthäfen und einladenden Straßen, Plätzen und Lokalen.

Kilometerlange Sandstrände

Die Halbinsel ist über drei Landzungen zu erreichen. Vom Norden aus geht es entlang von weiten Sandstränden; in der Mitte durch die malerische Ortschaft Orbetello, die an zwei Seiten von einer Lagune umgeben ist. Und im Süden stellt eine Landzunge ohne vielbefahrene Straßen und mit kleinen Ortschaften die Verbindung her: eine naturgeschützte Peninsula, die kilometerlange Sandstrände und Macchia bietet und einfach nur traumhaft schön ist.

Die Halbinsel selbst hat keine großen Strände, doch dafür bergige Landschaft mit dichten Wäldern und tolle Aussichtspunkte. Die einzige Panoramastraße des Monte Argentario ist eine einfache Landstraße. An manchen Stellen sehr schmal, erfordert sie fahrtechnisches Fingerspitzengefühl. Übernachten kann man auf der Halbinsel in Porto Santo Stefano und Porto Ercole in allen Komfort-Kategorien. Doch an der West- und Südseite der Halbinsel wohnt es sich weniger aufwändig und abgeschiedener. Für relativ wenig Geld kann man hier Unterkünfte buchen, die mitten in der Natur liegen, die herrliche Ruhe und Einsamkeit und einen unvergesslichen Blick auf das tiefblaue Tyrrhenische Meer garantieren.

Versteckte Badebuchten

Auch die an vielen Stellen ziemlich steil ins Meer abstürzende West- und Südküste der Halbinsel bietet schöne Buchten, wie etwa den Strand Le Cannelle. Zu namenlosen kleinen Badeplätzen führen zahllose Treppenstufen oder steile Wege, für die man gut zu Fuß sein sollte. Doch einmal in einer dieser Buchten angekommen, ist absolute *Privacy* garantiert. Bis auf einige dicht an der Küste vorbeischippernde Yachten ist man hier ganz für sich. Eine Bootsrundfahrt um den Monte Argentario stellt ein echtes Urlaubs-Highlight dar!

Ungefähr in der Mitte der Halbinsel, in luftiger Höhe und nahe beim Gipfel des Monte Telegrafo, erhebt sich das Convento della Presentazione al Tempio. Das Trappistenkloster, das das uralte Gnadenbild der »Madonna von Monte Argentario« hütet, wurde in der ersten Hälfte des 18. Jahrhunderts errichtet. Auf der Halbinsel der Einsamkeit ein Ort vollkommener Ruhe und Zurückgezogenheit!

↗ Die Hafenstadt Porto Santo Stefano ist bei allen Lichtverhältnissen ein dankbares Motiv.
↖ Von Spaniern errichtete Windmühle in der Lagune bei Orbetello
← Romantischer Strand Riva del Marchese nahe dem Hafenstädtchen Porto Ercole

INFO

DAS WANDERPARADIES

Ausspannen am Monte Argentario ist fast immer mondän, nicht immer preisgünstig, auf jeden Fall aber elegant. Als garantiert nicht schick, dafür aber einsam und mit vielen Natureindrücken garniert, erweisen sich die Wanderwege der Halbinsel. Sie werden unbegreiflicherweise nur selten frequentiert. Rund 20 Wanderwege für jeden Anspruch sind ausgeschildert. Ein Wanderweg entlang vieler Strände, 29 Kilometer hin und zurück, für den man eine gute Kondition mitbringen sollte, führt durch die Lagune von Orbetello – ein Rundweg durch Naturschutzgebiete direkt am Meer. Einen schönen Blick aufs Meer, auf die Berge der Halbinsel und auf Porto Santo Stefano bietet ein 26 Kilometer langer Weg von Porto Santo Stefano aus zum Torre di Capo d'Uomo – ebenfalls ein Rundwanderweg, für den man gut in Form sein sollte. Nur zwei Kilometer lang und für jeden leicht begehbar ist dagegen ein romantischer Wanderpfad, der von Porto Santo Stefano zu einer malerischen Bucht mit glasklarem Wasser führt. Man kann auch zum Meer hinuntersteigen und schwimmen. Allerdings ist der Ab- und Aufstieg nur mit Vorsicht zu genießen!

WEITERE INFORMATIONEN

prolocomonteargentario.it
argentario.it, auch auf Englisch
Wanderwege, komoot.de

Rosafarbene Flamingos leben in der Lagune von Orbetello.

Der Ponte di Castruccio führt in Castelnuovo di Garfagnana über den Fluss Serchio.

DER NORDEN

Berge, Wälder und Abgründe – die Toskana überrascht auf ganzer Linie

42

PONTREMOLI – EIN HOCH IM NORDEN

TOR ZUR TOSKANA

Über Jahrhunderte hart umkämpft, gehörte die Kleinstadt Pontremoli mal zu Parma, dann zu Ligurien und wurde schließlich toskanisch. Malerisch erhebt sie sich auf einem Landstreifen zwischen zwei zusammenfließenden Flüssen. Für Fürsten, Mönche, Heilige und Pilger war sie lange Zeit das einzige Tor zur Toskana.

Pontremoli war und ist immer noch eine der obligatorischen Stationen auf der ganz Italien durchziehenden Via Francigena. Dieser Pilgerweg war einst genauso berühmt wie der Jakobsweg in Spanien. Doch die Via Francigena wurde nie zu einem religiösen Pfad oder einer weltlichen Modeerscheinung für Wanderer auf der Suche nach sich selbst. Trotzem existiert sie noch heute und wird auch immer noch begangen. Der Streckenabschnitt bei Pontremoli gehört wegen der die Stadt umgebenden Natur zu den schönsten überhaupt.

Obwohl es verschiedene Theorien zu diesem Thema gibt, scheint klar zu sein, dass die Stadt ihren Namen von *Ponte tremulus* ableitet, einer offenbar wackeligen Brücke über den Fluss Magra, die bereits zur Zeit der Herrschaft von Heinrich VI. im Jahr 1165 existierte. Zahlreiche bedeutende Persönlichkeiten kamen im Laufe der Geschichte nach Pontremoli, darunter Mathilde von Canossa, Kaiser Heinrich V., Friedrich Barbarossa, Dante und Karl VIII., der Großherzog der Toskana. Auch die Truppen Napoleons zogen hindurch. Während der deutschen Besatzung im Zweiten Weltkrieg leisteten die Bürger von Pontremoli entschiedenen Widerstand.

Steinerne Wahrzeichen

Reisende können im eher untouristischen Pontremoli einiges entdecken. Wie etwa die Cresa-Brücke, auch bekannt als Ponte di San Francesco di Sopra. Diese Brücke, die mit ihren vier Steinbögen den Fluss Verde überspannt, war einer der Hauptzugänge zur Stadt vom nördlich gelegenen Piacenza aus. Die ursprünglich aus Holz gefertigte Brücke stammt aus dem 14. Jahrhundert, wurde jedoch im Laufe der Zeit aufgrund von Schäden durch Überschwemmungen und Kriegsbelagerungen immer wieder umgebaut.

Die Casotto-Brücke und der Casotto-Turm gelten als die Wahrzeichen von Pontremoli. Der Eingang in die Stadt und die Brücke wurden vom Seratti-Turm, besser bekannt als Casotto-Turm, verteidigt. Die Brücke öffnet sich nach Westen hin, an der Stelle, an der die Flüsse Verde und Magra zusammenfließen, und ermöglicht die Verbindung mit der Küste. Wie die oben bereits erwähnte Brücke stammt auch diese aus dem 14. Jahrhundert, sie bestand ursprünglich aus Holz, wurde aber im Laufe der Geschichte wegen der Überschwemmungen des Verde-Flusses mehrmals zu einem steinernen Ponte um- und ausgebaut.

Der Name der Burg, Castello di Piagnaro, leitet sich von dem Schiefer ab, der in den umliegenden Bergen gewonnen und für den Bau der örtlichen Gebäude und der Burg selbst verwendet wurde. Die Burg befindet sich in einer strate-

→ Kirche und Burg, Türme und Wohnhäuser, in Pontremoli liegt alles direkt am Fluss.

← Über der Altstadt ragt die mächtige und komplett erhaltene Burg empor.
↙ Auf der zentralen Piazza della Repubblica findet der Wochenmarkt statt.
↘ Die Santa Maria Assunta gilt als eine der wichtigsten Kirchen Pontremolis.

gisch wichtigen Lage, nicht nur für die Stadt: Von hier aus wurden die Straßen und Verkehrswege rund um Pontremoli kontrolliert. Höchstwahrscheinlich war das ursprüngliche Bauwerk ein Turm aus der Mitte des 10. Jahrhunderts, der im Laufe der Jahre immer wieder neu errichtet wurde.

Rätselhafte Stelen

Die Burg bietet nicht nur einen herrlichen Panoramablick auf die Stadt und die das Tal umgebenden Berge, sondern beherbergt auch das Museum der Stele-Statuen, eines der ältesten und geheimnisvollsten kunsthistorischen Zeugnisse der Toskana. Im Innern der Burganlage, in einem eleganten und stimmungsvollen Rahmen, sind die eindimensionalen Skulpturen, die Männer und Frauen darstellen, zu sehen. Sie liefern wichtige Beispiele lokaler Kunst aus prähistorischen Zeiten. Wahrscheinlich stammen die kurios ausschauenden Figuren aus der Zeit zwischen dem vierten vorchristlichen Jahrtausend und dem 7. Jahrhundert vor Christus.

In der Chiesa di San Pietro etwas außerhalb des historischen Zentrums von Pontremoli wird eines der wichtigsten Symbole der Via Francigena aufbewahrt: die Steinplatte mit einer wertvollen Gravur eines Labyrinths aus elf Kreisen. Das Motiv dieser Steinplatte symbolisiert die »Reise zu Gott«, eine Metapher für die Schwierigkeiten, die man auf dem Lebensweg hat, ebenso wie für die Gefahren, denen man auf der Via Francigena begegnet.

Die Gegend eignet sich gut, um auf eigene Faust erkundet zu werden: die zahlreichen Burgen, die über die Hügel verstreut sind, die natürliche Schönheit der Berge und die sehr authentische Atmosphäre der Restaurants, Bars und Geschäfte, die hauptsächlich von Einheimischen frequentiert werden.

Gewaltige Schlucht

Ganz in der Nähe von Pontremoli rinnt der Fluss Gordana durch den Canyon Stretti di Giaredo. Über die Schlucht verteilen sich fünf Becken mit kristallklarem Wasser, die man an Frühlings- und Sommertagen besuchen kann, um sich zu erfrischen. Die Wanderung ist nur für Schwimmer geeignet. Wer sich unsicher fühlt, kann eine geführte Tour durch die Klamm buchen.

Die Funde uralter Stelen bei der kleinen Kirche Pieve di Santo Stefano bei Sorano nicht weit von Pontremoli entfernt sind ein klarer Beweis für die Bedeutung dieser Gegend sowohl für die heidnischen Religionen als auch für das Christentum. Heute gilt diese Pfarrkirche als eine der wichtigsten und charakteristischsten Stationen entlang der Via Francigena. Die erst kürzlich restaurierte Kirche, die zuvor jahrzehntelang verlassen und vernachlässigt worden war, ist ein schönes Beispiel für die Eleganz und Schlichtheit der lokalen Architektur.

INFO

WÄNDE AUS WELLEN

Die Urgewalt der Natur kann man auch in der ansonsten eher sanften Toskana bestaunen: und zwar in den Stretti di Giaredo, nicht weit von Pontremoli entfernt. Dieser Canyon bildet den östlichen Abschnitt der Schlucht des Bachs Gordana und erstreckt sich auf einer Länge von über einem Kilometer von der kleinen Ortschaft Giaredo aus in Richtung Berg. Diese faszinierenden Felsformationen entstanden vor Jahrmillionen infolge seismischer Erdbewegungen. Die Seitenwände des Canyons steigen bis zu 20 Meter an. Oftmals sind sie fast vertikal oder hängen auch über dem Wasser. Die Wände zeigen linienförmige Wellen, die durch die Einwirkung des Wassers entstanden sind. Zu Fuß erreicht man diesen wildromantisch mitten in der Natur gelegenen Canyon über einen Wanderweg, der rund 45 Minuten Zeit in Anspruch nimmt. Oder aber mit dem Auto. Es empfiehlt sich, eine geführte Besichtigung zu buchen, denn der Canyon kann für unerfahrene und ortsunkundige Wanderer leicht gefährlich werden.

WEITERE INFORMATIONEN

pontremoli.ms.it
statuestele.it
strettidigiaredo.org
Bei einer Tour in den Canyon Stretti di Giaredo nie eine Regenjacke vergessen! Und im Sommer Badesachen einpacken.

Einzigartige Felsformationen: die Stretti di Giaredo

43

GARFAGNANA – DER GRÜNE BEREICH

UNTERWEGS IN DEN BERGEN

In der Garfagnana zeigt sich die grüne Seite der Toskana. Eine reiche Flora lädt besonders im Frühsommer und im Herbst zu ausgedehnten Touren ein. Dass die Region auch Kulturreisende anzieht, hat viel mit dem Festival di Barga zu tun.

Nicolas Hunt kennt die Gegend wie seine Westentasche. Schon als kleiner Junge verbrachte er mit seinen Eltern, die Briten und Wahltoskaner waren, jeden Sommer in Barga. Nicht etwa, um sich auszuruhen und das frische Bergklima zu genießen. Die Familie Hunt rief in dem verschlafenen Örtchen, dessen Gassen und Straßen von der Moderne unberührt scheinen, eines der interessantesten Sommerfestivals Italiens ins Leben. Und die ganze Familie macht mit bei der Organisation dieses Events. Das Festival di Barga bietet jedes Jahr im Juli Musik verschiedener Jahrhunderte. Seit einiger Zeit werden im kleinen Stadttheater immer wieder Barockopern in Szene gesetzt, Opern von Vivaldi und anderen Komponisten. So zieht es viele Musikfreunde im Hochsommer nach Barga. Die wenigen Hotels in der Umgebung sind dann schnell ausgebucht. Wer aber die Anfahrt durch eine wildromantische Landschaft nicht scheut, findet problemlos Unterkunft in der Umgebung.

Barga liegt auf 410 Metern Höhe, bietet herrliche Aussichtspunkte und ist auch im Sommer angenehm frisch. Der Ort im Serchiotal zwischen Monte Giovo, 1991 Meter hoch, und Monte Pisanino, 1945 Meter, ist in gewissem Sinn das Zentrum der Garfagnana. Der mittelalterliche und wirklich eindrucksvolle Dom ist ein kleines Juwel mit Kunst aus dem 13. bis 15. Jahrhundert. Man sollte vor allem frühmorgens oder abends durch die engen Gassen Bargas flanieren, um sich wie in der Kulisse eines Historienfilms zu fühlen. Es fehlen eigentlich nur noch Ritter und Burgfräulein.

Vollkommen ursprünglich

Barga gehört zur Garfagnana, einer bergigen, waldreichen Landschaft, die heute ein Naturschutzgebiet ist. Die Garfagnana war jahrhundertelang eine arme Gegend. Landwirtschaft konnte wegen der Berge nicht betrieben werden. Noch heute erstrecken sich hier große Kastanienwälder, Akazien-, Buchen- und Nadelbäume. Die Industrie blieb fern; zum Glück, denn so konnte diese Bergregion ihren faszinierenden ursprünglichen Charakter bis heute bewahren. Über den ausgedehnten und dichten Wäldern ragen die Apuanischen Alpen mit ihren fast 2000 Meter hohen Spitzen in die Höhe. Ein ideales Wandergebiet! Vor allem im Herbst kann man die reiche Flora genießen, die, je nach Höhenlage, entweder eher mediterranen oder aber alpinen Charakter hat.

Die Garfagnana inspirierte viele Dichter. Darunter Ludovico Ariosto im frühen 16. Jahrhundert und Giovanni Pascoli, der von 1855 bis 1912 lebte und dessen Gedichte jedes

← Der in wesentlichen Teilen romanische Dom San Cristoforo im Städtchen Barga wirkt mit seinen Zinnen wie eine trutzige Burg.

italienische Schulkind kannte. Sie zog es in die unberührte Natur. Der erwähnte Ludovico Ariosto, einer der italienischen Nationaldichter, lebte in Castelnuovo di Garfagnana. Er regierte als Gouverneur die Gegend und bewohnte die Rocca, die mächtige Burg aus dem 13. Jahrhundert.

Vor Wanderungen oder der Weiterfahrt lohnt ein Besuch bei der Familie Marchetti. Sie betreibt die Trattoria Da Marchetti – ein Lokal wie aus dem Bilderbuch! Die Gemüsesuppe und die Maispolenta mit Trockenfleisch gehören zum Besten, was man in der Garfagnana an traditioneller Kost probieren kann. Sieben Kilometer nördlich von Castelnuovo empfiehlt sich ein Abstecher nach Castiglione di Garfagnana. Das bewehrte Dorf in fast 600 Metern Höhe bietet fantastische Panoramablicke. In der kleinen Kirche San Michele aus dem 16. Jahrhundert ist eine schöne Madonna von Giuliano di Simone von 1389 zu besichtigen – sein einziges signiertes Werk!

Ein geteilter Heiliger

Weiter nordöstlich an der Quelle des Flusses Radici in 1529 Metern Höhe liegt San Pellegrino in Alpe, der höchstgelegene Ort des Apennins und einer frommen Legende nach bereits ein im 7. Jahrhundert gegründetes frühchristliches Kloster. Bis heute pilgern Wallfahrer hierher, um dem Eremiten Pellegrino zu huldigen. Eine Hälfte seiner sterblichen Überreste liegt in der Region Emilia-Romagna, die andere in der Toskana – das Kirchlein steht genau auf der Grenze. Von hier aus ist es nicht mehr weit auf die Alpe San Pellegrino auf 1700 Metern Höhe, von der aus der Blick weit über die Täler und die Berge reicht.

Zum Wandern empfiehlt sich der Parco Naturale dell'Orecchiella, 23 Kilometer nördlich von Castelnuovo. Dieser Naturpark entstand auf Druck der einheimischen Bevölkerung, die ihre unberührte Landschaft geschützt wissen wollte. Für Touren eignen sich die hallenartigen Buchenwälder und die felsigen Apenningipfel mit einer Höhe von bis zu 2000 Metern. Zu den Hauptattraktionen des Naturparks gehört die Blumenpracht der ausgedehnten Bergwiesen.

Im Kalkmassiv Pania di Corfino brüten noch Steinadler. Die Mitarbeiter des Informationszentrums klären über die Wanderwege auf, die allerdings, wie fast immer in Mittelitalien, nicht besonders gut ausgeschildert sind. Auch brauchbare Wanderkarten sind leider Mangelware. Viele Buchhandlungen führen deshalb Militärkarten, die selbst kleinste Gebirgswege verzeichnen. Eilige Garfagnana-Besucher sollten diese Landschaft über die Staatsstraße von Lucca Richtung Fivizzano durchqueren. In diesem Städtchen lohnt sich ein Halt bei der Farmacia Clementi. Der Großvater des jetzigen Besitzers mixte nach einem geheimen Rezept das Elixier »China«, einen sehr aromatischen Magenbitter, der über die Grenzen der Toskana hinaus bekannt ist und sogar aphrodisierende Wirkung haben soll.

↗ Innenansicht des mittelalterlichen, schön restaurierten Doms von Barga
↖ Das Dorf San Pellegrino in Alpe liegt in den Bergen der Garfagnana.
← Herbststimmung – Edelkastanien, Pinien und Eichen lieben das feuchte Mikroklima.

INFO

DEFTIGE BERGKOST

Die Garfagnana bietet Freunden der herzhaften Küche und Gastro-Entdeckern besondere Leckereien, die sich nur dort finden lassen. Wie die *Pitonca*, Maisbrei mit Möhren, Porree, Kartoffeln, Bohnen und Kohl. Sie wird frittiert und in Stücke zerteilt serviert. Auch die feinen Pilzgerichte sind eine gute Wahl für Vegetarier. Ein Tipp für Fleischesser ist die *Biroldo*, eine Salami aus Schweineherz und -zunge, aus Schweinespeck und -blut. Nichts für zartbesaitete Esser, aber ungemein köstlich! Da es in den Wäldern der Garfagnana zahllose Kastanienbäume gibt, versteht es sich von selbst, dass aus den Maroni Mehl, Soßen und Süßspeisen zubereitet werden. Die *Crisciolette* hingegen bestehen aus Weizen- und Maismehl, Wasser und Salz und werden zu einer Art Pfannkuchen gebacken – ganz traditionell auf einer flachen gusseisernen Pfanne direkt über dem Feuer. In diesen Teig kommen dann, ganz nach Geschmack, würzige Käsestücke, Speck- oder Salamistreifen. Deftige Bergküche halt …

WEITERE INFORMATIONEN

turismo.garfagnana.eu
orecchiella.com
visitbarga.com
garfagnanadream.it
Besonders reizvoll in der Garfagnana: auf kleinen Straßen ganz versteckt liegende Ortschaften zu entdecken!

Esskastanien veredeln in der Garfagnana zahlreiche Gerichte.

Barga im Abendlicht mit dem hell erleuchteten Dom an der höchsten Stelle der 10 000-Einwohner-Stadt

44

VERRUCOLE – IN LUFTIGER HÖHE

DIE BILDERBUCHBURG

Sie wirkt wie die Kulisse zu einem Historien- oder Fantasiefilm: Die Burg von Verrucole erhebt sich auf einem Höhenrücken mit zackig verlaufenden Mauern und einem breiten und mächtigen Turm. Mindestens ebenso schön wie die Ansicht der malerisch gelegenen Burg ist der Ausblick von dort in die grandiose Berglandschaft.

Die erste Bergburg von Verrucole bei der Ortschaft San Romano in der Garfagnana, nicht weit von Lucca entfernt, wurde im Mittelalter errichtet. Von dieser Festung der Grafen Gherardinghi ist jedoch nicht viel erhalten geblieben. Diese Grafenfamilie lebte hier bis 1285. In jenem Jahr wurde die Anlage an die damals politisch autonome Republik Lucca verkauft. Besucherinnen und Besucher bekommen heute eine ganz andere Burg zu sehen. Das existierende Bauwerk ist rund 400 Jahre alt, stammt also aus der Renaissance. Die Wehranlage diente damals den Herzögen der Familie d'Este aus der Linie Ferrara-Modena und Reggio. Von hier aus kontrollierten sie die südliche Flanke ihres Herzogtums, dessen Zentrum sich in der Emilia-Romagna befand. Gegen Ende des 17. Jahrhunderts verlor die Anlage an militärischer Bedeutung, verfiel und diente zeitweise als Gefängnis.

Kurios ist der Ursprung des Namens der Burg. *Verruca* meint im Italienischen »Warze«. Eine Anspielung auf den Umstand, dass die Festung auf einer felsigen Anhöhe errichtet wurde. Heute gehört die in rund 540 Metern Höhe gelegene Fortezza di Verrucole zur Ortschaft San Romano in Garfagnana. Man ließ das Mauerwerk komplett restaurieren. Die wenigen Besucher betreten die fast perfekt erhaltene Verteidigungsanlage durch ein relativ kleines Tor. Die dominierenden Gebäude der Fortezza sind die Rocca Quadra, eine mächtige eckige Turmruine, und der sogenannte »Runde Turm«, der aber in Wirklichkeit achteckig ist. Heute wird die Anlage im Sommer für Veranstaltungen genutzt. Besonders reizvoll sind die mittelalterlich inspirierten Ritterspiele, die bestens an diesen Ort passen.

Perfekt zum Sundowner

Noch viel schöner und romantischer ist es, die Wehranlage zum Sonnenauf- oder Sonnenuntergang zu besuchen, natürlich am besten bei klarem Wetter, wenn der Blick auf die Berge und Wälder der Garfagnana umwerfend ist. Oder im Winter, wenn hier Schnee liegt und man nicht mehr das Gefühl hat, in der Toskana zu sein. Die Gegend eignet sich wunderbar für Wanderungen. Eine der schönsten beginnt in der Ortschaft San Romano; ein Rundweg mit einem mittleren Schwierigkeitsgrad. Nach rund zehn Kilometern Wanderweg, mit einem Höhenunterschied von etwa 500 Metern, erreicht man eine maximale Höhe von 740 Metern. Der Weg führt durch Eichenwälder und bietet herrliche Aussichtspunkte und schließlich den Besuch der Fortezza delle Verrucole. Rund vier Stunden Zeit sollte man einplanen.

INFO

VERFÜHRERISCHER KÄSE

Nicht weit von der Burg entfernt liegt die Käserei Caseificio Marovelli. Hier kann man fast alle traditionellen Käsespezialitäten probieren, die seit Jahrhunderten in der Gegend produziert werden. Wie etwa den kurz gereiften und kräftig-würzig schmeckenden *Casaro dell'Ariosto.* Oder den mehr als sechs Monate gereiften *Verrucchio vecchio* und den Ziegenkäse *Caprino stagionato.* Die frischen Käsezubereitungen sollten zeitnah genossen werden. Wie etwa der *Bagiolo:* Das ist ein kreisrunder Kuhmilchkäse mit einer halbfesten Außenschicht. Diese Leckerei schmeckt ungewöhnlich frisch. Und dann erst der manchmal ein wenig streng riechende Ricottakäse aus Kuh- oder/und Schafsmilch. Ideal zum Mitnehmen und um in der Ferienwohnung oder im Hotel verzehrt zu werden. Dazu schmeckt einer der lokalen Weine!

WEITERE INFORMATIONEN

fortezzaverrucolearcheopark.it
caseificiomarovelli.com
In der Käserei am besten vorher anmelden
lucianopignataro.it

↑ Sie sehen aus wie verkohlte Holzstücke: die runden, würzigen Bagioli-Käse.
← Hohe Berge und wilde Natur in direkter Nachbarschaft: das Castello di Verrucole

45

PORRETTANA-EXPRESS – EIN FEINER ZUG

HISTORISCHE BAHNFAHRT

Die eingleisige, vor mehr als 150 Jahren gebaute Eisenbahnstrecke führt vorbei an den Bergen und mitten hindurch, es geht durch wilde Landschaften mit fast vergessenen Dörfern. Exakt 99 Kilometer legt der Porrettana-Express auf seiner Fahrt von Bologna nach Pistoia zurück – in aller gebotenen Gemütlichkeit, versteht sich.

Die Eisenbahnstrecke ist nicht lang: Die Trasse misst gerade mal 99 Kilometer und verbindet das in der Region Emilia-Romagna gelegene Bologna mit der toskanischen Kleinstadt Pistoia westlich von Florenz. Der Name des Zugs, Porrettana-Express, leitet sich von der Ortschaft Porretta Terme ab, die im Apennin mit ihren Thermenanlagen lockt. Porretta Terme gehört genau genommen nicht mehr zur Toskana, liegt aber nur einige wenige Kilometer von der Regionalgrenze entfernt. Die Bahnstrecke verläuft fast ausschließlich eingleisig. Doch so kurz die Strecke auch ist: Sie hat es in sich. Geboten werden 35 Brücken und Viadukte und 47 Tunnel mit einer Gesamtlänge von 13 Kilometern. Der schwierigste Streckenabschnitt liegt zwischen Pistoia und Pracchia. Hier musste ein Höhenunterschied von 550 Metern überwunden werden – und das auf einer Länge von 26 Kilometern. Eine ingenieurtechnische Meisterleistung! Eingeweiht wurde der Porrettana-Express von König Viktor Emanuel II. im November 1864.

Ein Testfall für Loks

Mit dem Projekt betraute man den Franzosen Jean Louis Protche, ein auch international bekannter Ingenieur. Nach der Fertigstellung der Zugstrecke wurde schnell klar, dass sie nur wenig Nutzen hatte. Mit der italienischen Staatseinigung war es nicht mehr nötig, mithilfe eines Zugs schnell Truppen durch den Apennin zu bewegen. Und auch der Transport von Waren erwies sich als zu aufwändig, denn auch die damals stärksten Lokomotiven konnten auf dieser Strecke keine schweren Güter transportieren.

Der Zweite Weltkrieg bedeutet das Endes des Porrettana-Express. Die Deutschen zerstörten zahlreiche Brücken und Viadukte. Direkt nach Kriegsende wurde die gesamte Strecke restauriert. Zunächst zu Testzwecken: Hier mussten sich Italiens erste elektrische Lokomotiven beweisen. Immer wieder setzten Erdrutsche der Schienenstrecke und ihren Tunnels zu. Und immer wieder wurden sie instandgesetzt. Zu wichtig war die Strecke für den lokalen Verkehr der Einheimischen. Heute bietet der Porrettana-Express einige der schönsten und an Aussichtspunkten reichsten Zugstrecken Mittelitaliens. Unterbrechen sollte man die Zugfahrt in Porretta Terme. Schon die alten Römer kurten hier. Seit dem Mittelalter war die Therme erneut in Mode. Man glaubte allen Ernstes, dass die Heilwasser gegen weibliche Unfruchtbarkeit wirkten. Porretta Terme war während der Renaissance so bekannt, dass der Schriftsteller Machiavelli den Ort in seinem Theaterstück »La Mandragola« erwähnte.

← Nostalgiefahrt im historischen Zug durch Wälder, Täler und zu kleinen Ortschaften
↓ Kann auch »on the rocks« genossen werden: der Amaro Lapi aus Porretta Terme.

INFO

EIN LEBENSELIXIER

Seit 1830 wird in Porretta Terme ein Magenbitter gebraut, der von Kennern in ganz Italien geschätzt wird. Den Amaro Lapi bezeichnet man seit dem 19. Jahrhundert auch als »Tonische Gesundheitstinktur«. Der leicht bittere Geschmack dominiert mit Rhabarber- und Lakritznoten. Man schmeckt zudem den Eukalyptus, die Nüsse, die Orangen und andere Zutaten heraus. Hergestellt und verkauft wird dieser köstliche Magenbitter von der Farmacia Lapi. Die wurde bereits Ende des 18. Jahrhunderts eröffnet, um die Thermengäste zu versorgen. Hergestellt werden auch hauseigene Kosmetika. Aber das begehrteste Produkt der Farmacia ist nach wie vor der ausgezeichnete Magenbitter Lapi.

WEITERE INFORMATIONEN

porrettanaexpress.it
farmacialapi.com
Zwei Tipps: Vor der Abfahrt am besten online den Fahrplan des Zugs kontrollieren, der nicht jeden Tag unterwegs ist. Und: Unbedingt den Amaro Lapi vor dem Kauf probieren – der Magenbitter trifft nicht jeden Geschmack.

46

GROTTA DEL VENTO – GUTER ABSTIEG

IM BAUCH DER BERGE

Eine zauberhafte Welt mit kleinen Seen, uralten Stalaktiten und Stalagmiten, Höhlen, die so groß wie Säle sind, und einem 90 Meter tiefen Naturschacht: Die Grotta del Vento, die »Höhle des Windes«, lohnt einen Besuch! Dabei sollte man gut zu Fuß, möglichst schwindelfrei und ausreichend warm gekleidet sein.

Die erste Nachricht von einem geheimnisvollen Loch und einem ominösen Eingang ins Erdreich sorgte Anfang des 20. Jahrhunderts für viel Aufsehen in der ganzen Toskana. Doch in der Grotta del Vento gibt es Wasser. Erst als der Wasserstand infolge einer Trockenheit 1961 kräftig sank, gelang es Speläologen, über 600 Meter tief in die Grotte vorzudringen und sie wissenschaftlich zu erkunden. In den 1970er-Jahren stießen die Höhlenforscher bis zu 2500 Meter weit in das unterirdische Labyrinth vor. Eine Zauberwelt, eine Megagrotte! Zu erreichen ist sie in rund 650 Metern Höhe. Ins Erdreich geht sie bis zu einer Tiefe von etwa 120 Metern, das zu besichtigende Grottenlabyrinth hat eine Länge von 4500 Metern.

Ihren Namen hat die Windgrotte von den teils heftigen Luftströmen, die aus den Temperaturunterschieden zwischen drinnen und draußen von rund zehn Grad herrühren. Bei einem Besuch taucht man in eine zauberhafte Welt ein, die weitaus dramatischer ist als die sanfte Landschaft der Toskana. Es gibt kleine Seen, riesige Stalaktiten und Stalagmiten, vom Wasser ausgewaschene Höhlen und einen 90 Meter tiefen natürlichen Schacht. Am besten lässt sich die Windgrotte auf der langen Tour erkunden. Drei Stunden dauert sie, und man sollte sich, auch wenn einem draußen vor der Höhle die sommerliche Hitze zu schaffen macht, warm anziehen. Zu sehen gibt es farbig unterschiedliche Kalkformationen, die wie Säulen und von der Decke hängende dicke Nudeln wirken.

Schwindelnde Höhen

Über eine steile und meist feuchte Treppe geht es an den Rand des Baratro dei Giganti, an den »Abgrund der Giganten«, der seinen Namen zu Recht trägt, denn die Kalkformationen stürzen rund 50 Meter in die Tiefe. Im sogenannten Sala delle Voci, dem »Raum der Stimmen«, warten kuriose und ein wenig unheimlich klingende akustische Überraschungen. In Erinnerung an den Acheronte, so bezeichneten die alten Griechen den mythischen Fluss in der Unterwelt, wo die Toten lebten, erreichen die Besucher den tiefsten Teil der Windgrotte. Im Salone dell'Acheronte, dem »Saal des Acheronte«, fließen drei Wasserläufe zusammen und bilden einen recht großen unterirdischen Fluss. Beim Rückweg trifft man auf eine Art Tannenwald. Er besteht aus grauen Kalkstelen, die wie Baumstämme wirken. Die Grotte ist ein Teil der Apuanischen Alpen und von Lucca aus zu erreichen. Ob sie auch andere Eingänge als den bei der Ortschaft Fornovolasco hat, ist bislang unbekannt.

INFO

GIGANTISCHER GIPFELBLICK
Eine tolle Aussicht hat man von der Rocca di Trassilico aus. Sie liegt nicht weit von der Grotte entfernt in rund 800 Metern Höhe auf einem Berg. Die Burgruine samt Turm erhebt sich an der höchsten Stelle der Ortschaft Trassilico. Im 10. Jahrhundert wurde diese Burg errichtet. Der Hauptturm, der noch in Teilen steht, stammt aus dem 13. Jahrhundert. Dieser Aussichtspunkt und auch das Dorf sind gute Beispiele für die nahezu komplett touristisch unbeleckte Toskana. Nur 85 Einwohnern leben hier – in einer Kulisse wie aus einem Historienfilm. Viel Modernes gibt es demzufolge nicht zu entdecken, dafür aber einige alte Kirchen, wie etwa das schmucke romanische Gotteshaus Santi Pietro e Paolo aus dem 12. Jahrhundert, schmale Gassen und jede Menge altmodischer Charme.

WEITERE INFORMATIONEN
grottadelvento.com
Die Grottentour ist vielleicht nicht jedermanns Sache: Feste Schuhe und warme Kleidung sind auf jeden Fall nötig – und man sollte nicht unter Platzangst leiden!

↖ Spaziergang in die unterirdische feuchtkalte Zauberwelt der Grotta del Vento
↑ Burgturm aus dem Mittelalter mit phänomenaler Aussicht: Rocca di Trassilico

47

EREMO DI CALOMINI – FELSEN-FLUCHT

FÜNFHUNDERT JAHRE EINSAMKEIT

Man nehme eine steile und rund 70 Meter hohe Bergwand und mutige Mönche, die in einer unwegsamen Gegend ein Kloster in die Felswand bauten, um auch garantiert weltabgeschieden leben zu können. Die Einsiedelei von Calomini, gut acht Kilometer entfernt von der Ortschaft Gallicano, ist ganz und gar ungewöhnlich.

Ein Postkartenmotiv, fast zu schön, um wahr zu sein: Die Einsiedelei von Calomini in der Garfagnana ist eine uralte Eremitage in fantastischer Umgebung. Die Gebäude wirken wie mit der 70 Meter hohen Felswand verschmolzen. Die Sakristei, der mystischste Ort, wurde der Legende nach allein mithilfe eines Meißels in den Felsen gehauen. Der Name Calomini leitet sich vermutlich vom lateinischen *Coffis minor* ab, da der Ort auf der niedrigsten Erhebung der Umgebung liegt.

Die ursprüngliche Kirche errichteten fromme Einsiedler im 11. Jahrhundert. Um- und vor allem ausgebaut wurden die Kirche und die Einsiedelei im 14. Jahrhundert und dann wieder im 18. Jahrhundert. Aus einem Dokument von 1361, in dem ein Ordensmann den lokalen Bischof darum bittet, die Opfergaben des Oratoriums zu legalisieren, geht hervor, mit welcher Verehrung die Jungfrau der Grotte bedacht wurde. Die erste bischöfliche Urkunde über die Freigabe der Pfründe, die der »Einsiedelei der heiligen Maria von der Höhle« gewidmet war, ist auf das Jahr 1444 datiert.

Das Ende der Eremiten

Vor allem ab dem 16. Jahrhundert wuchs der Ruhm der Madonna der Einsiedler so sehr, dass Bischöfe und Kardinäle kamen, um sie zu anzubeten, während das Volk zwischen 1631 und 1690 fleißig spendete, um die alte Kirche zu vergrößern und majestätischer wirken zu lassen. Zu Beginn des 18. Jahrhunderts wurden der doppelte Säulengang fertiggestellt, die Grotte vergrößert, damit die Sakristei ausgebaut werden konnte, ein neuer Kirchenboden verlegt und alle Details, die dazu beitrugen, diesen Ort des Gebets bewundernswert zu machen, vollendet. Die Eremiten betreuten das Heiligtum bis 1868. Dann beschlossen die Pfarrer der umliegenden Dörfer als traditionelle Verwalter, die Aufgabe der Förderung des Marienkults direkt zu übernehmen. Nach mehr als fünf Jahrhunderten Einsamkeit endete so die Eremitage von Calomini. Bis heute nennen die Menschen, wie in den vergangenen Jahrhunderten, die Madonna der Einsiedelei einfach nur »die Eremiti«. Wenn man vor der Einsiedelei Calomini ankommt, ist man überwältigt von der absoluten Stille des Orts. Nur das Rauschen einer Wasserquelle, die hier entspringt, ist zu hören. Es gibt keinen schöneren Weg zur Einsiedelei als die Wanderung von der kleinen Ortschaft Gallicano aus. In knapp drei Stunden überwindet man auf etwa acht Kilometern Länge einen Höhenunterschied von 350 Metern – eine als leicht eingestufte Tour durch eine herrliche Natur.

INFO

VERLASSENER GEHT'S NICHT

Liegt die Einsiedelei von Calomini schon recht abgeschieden, wirkt die Eremitage Capraia wie ein wirklich gottverlassener Ort. Vielleicht entschieden sich Einsiedlermönche aus diesem Grund, in dieser bergigen und waldreichen Gegend einen Ort des Rückzugs zu schaffen. Das war um das Jahr 1260. Gebaut wurde das kleine und ungemein malerisch gelegene Kloster, 13 gewundene Kilometer von Castelnuovo di Garfagnana entfernt, auf einem Felsvorsprung über dem Tal des Bachs Ceserana. Ihr heutiges Aussehen erhielt die Anlage im frühen 18. Jahrhundert. Die Kirche stammt aus dem 19. Jahrhundert und wurde komplett restauriert. Die Landschaft rund um das Kloster ist einfach umwerfend schön. Mit Bergen, die noch im Frühling von Schnee bedeckt sind, mit dichten Wäldern und zahllosen Wandermöglichkeiten. Ohne Zweifel ein Geheimtipp für Naturfreunde!

WEITERE INFORMATIONEN

turismo.garfagnana.eu
eremodicapraia@gmail.com
Achtung: schlechter Handy-Empfang in der Gegend!

↑ Weltabgeschieden und von Wäldern umgeben: die Einsiedelei Eremo di Capraia
← In den Felsen gebaut und in der Toskana einmalig: die Einsiedelei Eremo di Calomini

48

RONCHI – EINE SOMMERENKLAVE

KLARE KANTEN

Hohe Hecken und noch höhere Schirmpinien. Wo ein Blick durch Eingangstore und Hecken möglich ist, bekommt man in Ronchi prächtige Villen zu sehen. Errichtet wurden sie meist ohne jede Schnörkel und im Stil des italienischen Rationalismus.

Ronchi? Von diesem Ort haben die meisten Italiener noch nie etwas gehört. Und doch ist Ronchi das Ziel von Architekturfreunden nicht nur aus Italien. Von jenen natürlich, die von diesem Ort gehört haben. Eine Gegend voller ikonischer Sommerresidenzen! Seit ihrer Kindheit verbringt die römische Historikerin Silvia Carandini die warmen Monate in Ronchi. Erst mit ihren Eltern und dann als Mutter und Großmutter mit der ganzen Familie. Natürlich in der eigenen Villa Carandini. »Meine Eltern kauften in den frühen 1940er-Jahre ein Grundstück in Ronchi. Sie hatten viele Freunde hier«, berichtet die Signora.

Lauter große Namen

Freunde mit viel Geld. Denn in Ronchi ließen sich vor allem aristokratische und großbürgerliche Familien aus Mailand und Rom Villen von den berühmtesten Architekten ihrer Zeit errichten: von Gio Ponti etwa, von Tomaso Buzzi, von Aldo Rossi. Viele dieser Architekten kamen aus Mailand. Auch wenn sich die Entwürfe der Sommerresidenzen zum Teil stark voneinander unterscheiden: Es dominiert der sogenannte rationalistische Baustil, die italienische Variante vom deutschen Bauhaus. Wie etwa die Villa Ceragioli von Aldo Rossi, eine Hommage an den österreichischen Architekten Adolf Loos. Die Entwürfe richten sich fast immer an der italienischen Tradition einer klassischen Landvilla aus, stehen also in enger Verbindung mit den die Villa umgebenden Gärten oder Parks, sind ins Grüne erweitert durch Loggien und Bogengänge.

Zwei Villen fallen bei einem Besuch in Ronchi sofort ins Auge, nicht nur wegen ihrer Größe. In den 1930er-Jahren entwarf Tomaso Buzzi die Villa la Campana, auch Villa Medea genannt. Ganz im Stil der rationalistischen Architektur jener Jahre besteht das Haupthaus aus einem rechteckigen Fassadenblock, der an den Seiten von schmucklosen Fenstern und Bogentüren durchbrochen ist. Die Hauptfassade öffnet sich durch drei haushohe eckige Eingangsportale, die den Park mit dem Innenhof verbinden.

Das Bauhaus lässt grüßen

Aldo Rossi hingegen lieferte in den frühen 1960er-Jahren den Entwurf für die Villa Ceragioli. Sie erinnert in verblüffender Weise an die Bauten der Bauhaus-Architekten in Weimar und Dessau: klare Linien und ein kantiger Baukörper, der aus verschiedenen quadratischen und rechteckigen Blöcken besteht. In den meisten Villen von Ronchi sind die elementaren Strukturen der jeweiligen Inneneinrichtung immer noch erhalten.

← Ferienvilla vom Feinsten, umgeben von Schatten spendenden Schirmpinien: die Casa Ceragioli von Aldo Rossi im reinsten Bauhausstil von 1960

← Der neoklassizistische Säulenvorbau der Villa Medea stammt aus der Zeit des Faschismus.
↙ Die elegante Landhausvilla der Familie Carandini umgibt ein großer, gepflegter Garten
↘ Die Ferienvilla Casa Pastigli ist – deutlich zu erkennen – aus den 1960er-Jahren.

In diesen komfortablen und luftigen Sommerresidenzen erholten sich Schriftsteller wie Eugenio Montale, Walter Benjamin und Ignazio Silone, Rainer Maria Rilke, Aldous Huxley, der österreichische Physiker Wolfgang Pauli, der Maler Alberto Savinio und noch andere. »Was alle diese Menschen anzog, war zum einen das Ambiente, mit einer Natur, die durch den Bau der Villen nicht zerstört, sondern wenn möglich bewahrt wurde«, weiß die Historikerin Carandini. »Zum anderen wurden viele berühmte Gäste von Ronchi angezogen, weil sie bei ihren Gastgebern die Muße zum Arbeiten fanden.« In Ronchi gönnte man sich eine Art kreatives Ausspannen, lange Ferien, zwei oder auch drei Monate. Ferien, wie es sie heute wohl nicht mehr gibt. Die Geschichte Ronchis als exklusiver Ferienort begann Anfang des vergangenen Jahrhunderts mit einigen einfachen Hütten am Strand.

Große und ganz kleine Geister

Dieser Ort wurde zunächst von Deutsch sprechenden Italienerinnen entdeckt – von einigen Germanistinnen in den 1920er-Jahren. Allen voran Lavinia Mazzucchetti: Sie übersetzte Thomas Mann ins Italienische. Mann war ebenso zu Gast in Ronchi. In den 1930er- und 1940er-Jahren wurde es unter antifaschistischen Intellektuellen Mode, hier eine Sommervilla zu besitzen. Zu dieser exklusiven Bourgeoisie gehörte damals auch die Familie Carandini. Silvias Großvater war der Antifaschist Luigi Albertini, bis 1925 Direktor der liberalen Tageszeitung »Corriere della Sera«. Sicherlich, in Ronchi machten auch stramme Faschisten Ferien. Aber sie bildeten eine Minderheit. Dazu gehörte etwa der deutsche Soziologe Robert Michels. Der italienisierte Duce-Anhänger lehrte an der faschistischen Hochschule in Perugia. Doch die antifaschistischen Sommerfrischler mieden ihre stramm rechten Nachbarn tunlichst, berichtet Silvia Carandini.

Im Jahr 1938 kam es zwischen beiden Gruppen von Sommerfrischlern zum Eklat. In der Villa Felice, die später komplett umgebaut wurde, verhafteten faschistische Schergen den deutschen expressionistischen Schriftsteller Walter Hasenclever. Er wurde aus Italien ausgewiesen, im Zuge der im selben Jahr in Italien verabschiedeten Rassengesetze.

Die Historikerin Silvia Carandini kennt diese und andere Geschichte um die illustren Bewohner und Besucher von Ronchi. Sie steht der Vereinigung der »Freunde von Ronchi« vor. Diese Vereinigung aus Villenbesitzern, Historikern und Architekten hat vor Kurzem einen prächtigen Bildband, auch in englischer Sprache, zu diesem noch heute exklusiven Ferienort herausgegeben, zu den Villen und ihren Geschichten. Derzeit arbeitet man daran, dass es bald regelmäßig organisierte Besichtigungstouren zu den schönsten dieser Landvillen geben wird. Tage der offenen Tür – damit Architekturfreunde nicht mehr nur auf verstohlene Blicke durch Eingangstore und Hecken angewiesen sind.

INFO

EXPEDITION IN DIE MARMORBERGE

So reizvoll Ronchi auch ist: Hier kann es im Hochsommer sehr heiß werden. Eine echte Abkühlung verschafft dagegen ein Besuch in den Bergen, genauer gesagt: in den menschengemachten Höhlen der nahen Marmorberge. Bei einer Führung der sogenannten »Marmotour Michelangelo« geht es tief hinein in die Berge aus dem weltweit begehrten weißen Gestein. Hier lernt man, wie schwer es ist und vor allem in früheren Zeiten war, den Stein von Hand abzubauen und zu bearbeiten. Die 40 Minuten dauernde Tour beinhaltet auch eine kurze Fahrt durch die Abbaustollen der Galleria Ravaccione. Weiter geht es zur riesigen »Marmorkathedrale«. Wirklich eindrucksvoll sind die großen eckigen Räume, die beim Abbau in den Berg geschlagen werden. Eine Technik, die schon die alten Römer verwendeten und so Berge aushöhlten. Die Touren, gerade im Sommer wegen des Erfrischungseffekts beliebt, werden auch in deutscher Sprache organisiert. Sie starten in Carrara beziehungsweise im Örtchen Ravaccione.

WEITERE INFORMATIONEN

pacinieditore.it
marmotour.com
Die meisten Villen sind privat und können in der Regel nicht besichtigt werden. Ein Tag der offenen Tür ist geplant.

Wie wird Marmor gewonnen und bearbeitet? Die Marmotour gibt Auskunft.

49

STAZZEMA – DIE UNSCHEINBARE

EIN ORT DES GEDENKENS

Wildromantisch präsentiert sich Stazzema, umgeben von Bergen und Wäldern. Immer noch wirkt der Ort weltabgeschieden. Und doch spielte sich hier eines der schlimmsten Dramen der italienischen Kriegsgeschichte ab. An die unvorstellbare Grausamkeit, mit der deutsche Soldaten vorgingen, erinnern viele Mahnmale.

Stazzema ist ideal für eine Sommerfrische, wenn es im Tal bei Lucca etwa 25 Kilometer weiter südlich sehr heiß wird. Nur rund 3000 Menschen leben in der am Westhang der Apuanischen Alpen gelegenen Ortschaft. Das Meer ist nicht weit, und doch fühlt man sich in Stazzema wie in einem Bergdorf. Der wohl bekannteste Ortsteil heißt Sant'Anna. Am 12. August 1944 wurde er durch Soldaten der Waffen-SS fast komplett dem Erdboden gleichgemacht.

Die Einwohner, es waren ungefähr 560, wurden von den deutschen Besatzern kaltblütig umgebracht. Die Ermordeten waren vor allem Frauen und Kinder. Dieses SS-Massaker gilt als eines der grausamsten an Zivilisten des Zweiten Weltkriegs. Die historische Aufarbeitung dieser Kriegsverbrechen begann erst nach 1994. Die Dokumente, die das Vorgehen der SS belegen, lagerten in einem Schrank im Keller der römischen Militärstaatsanwaltschaft, dem sogenannten »Schrank der Schande«. Kein Wunder, dass die Täter von Sant'Anna jahrzehntelang ungestraft davonkamen. Der Prozess begann im Jahr 2004. Zehn in Italien Verurteilte konnten weiterhin unbehelligt in Deutschland leben, sie wurden nicht ausgeliefert. Auch in Deutschland wurden die Urteile nicht vollstreckt. Ein Schandfleck deutsch-italienischer Geschichtsschreibung!

Von alten Kirchen und tollen Panoramen

Die Propositura di Santa Maria Assunta ist eine der ältesten Kirchen Stazzemas. Sie wurde zum ersten Mal im Jahr 850 erwähnt. Eine romanische Kirche also, die ihr heutiges Aussehen mit gotisch angehauchten Dekorationselementen im 14. Jahrhundert erhielt. Ein musikalischer Schatz dieser Kirche ist die sogenannte »monumentale Orgel«. Ein Instrument aus dem frühen 19. Jahrhundert, das immer noch funktionstüchtig ist.

Aus der Renaissance stammt die Chiesa di San Sisto. Die in dem Gotteshaus untergebrachten Sakralgemälde sind Werke von Meistern der Renaissance und des Barocks. Die sehenswerte Chiesa dei Santi Clemente e Colombano wurde im 16. Jahrhundert errichtet und im späten 19. Jahrhundert umgebaut. In ihrem Innern befinden sich aber immer noch sechs monolithische Säulen aus den Marmorbrüchen an der Küste. Die gesamte Umgebung von Stazzema ist ein Wanderparadies, selbst im Hochsommer. Schwere Wanderungen gibt es genauso wie leichte Touren für Ungeübte, wie etwa der gut fünf Kilometer lange Rundwanderweg zu den Foce di Sant'Anna und zum 900 Meter hohen Monte Rocca.

← Eindrucksvolles Mahnmal gegen den Terror der Waffen-SS: Sant'Anna di Stazzema
↓ Ein Wasserfall bei Sant'Anna inmitten von unberührter Natur verspricht Abkühlung.

INFO

KÜHLE FREILUFTDUSCHE

Abkühlen mitten in der Natur, abtauchen in über lange Zeit geformten Naturwannen: Die Polle di Malbacco sind ein weitgehend unbekannter Ort zum Baden in kristallklarem Wasser. Dieser Ort mit einem Wasserfall liegt nicht weit entfernt von Sant'Anna di Stazzema und den berühmten Strandbädern am Meer. Und doch verirren sich nur sehr wenige Leute hierher. Zum Glück! Denn so bewahrt sich diese wie verwunschen wirkende Gegend ihre ganze Magie. Das Wasser kommt aus rund 1300 Metern Höhe und ist ziemlich kalt. Der Name *le Polle*, im Plural, verweist darauf, dass es in diesem Gebiet mehrere Naturwannen gibt. Viele liegen versteckt im Wald und können nur zu Fuß erreicht werden. Die beste Jahreszeit für einen Besuch ist der Sommer, denn auch wenn es am Meer oder im Tal sehr heiß wird, bescheren die Naturwannen echte Abkühlung. Zu erreichen ist die Gegend von der winzigen Ortschaft Riomagno aus. Von dort geht es über einen rund drei Kilometer langen Wanderweg.

WEITERE INFORMATIONEN

santaannadistazzema.org

50

ORSIGNA – ABSOLUT URSPRÜNGLICH

TIZIANO TERZANIS VERSTECKTE TOSKANA

»Orsigna brachte mir die Poesie ins Leben, hierher komme ich, seit ich ein Junge war, hier ist der Ort meines Herzens und mein Zufluchtsort«, so sagte es Tiziano Terzani. Nirgendwo sonst hielt sich der umtriebige Auslandskorrespondent und Reisejournalist so gern auf wie in dem winzigen Bergnest im nördlichen Apennin.

Ein sehr kleiner Ort, rund 800 Meter hoch in den Bergen versteckt und von dichten Wäldern umgeben. Pistoia liegt etwa 30 Kilometer südlich von Orsigna. Nur knapp 60 Menschen leben hier. Die Berge ringsum nannte Terzani »mein Himalaya«. In Orsigna starb Terzani im Juli 2004 mit nur 65 Jahren nach langer Krankheit. Hier schrieb er sein letztes Buch, »Das Ende ist mein Anfang«, mit dem er auch Orsigna ein Denkmal setzte. Und so verwundert es nicht, dass es heute einen etwa fünf Kilometer langen und leichten Wanderweg zum Gedenken an den Autoren gibt, den Sentiero di Terzani. Er führt von Orsigna aus bis zum *Albero con gli occhi,* zum »Baum mit den Augen«, einem großen alten Baum, den Terzani sehr verehrte.

Kein oft besuchter Wanderweg. Und das ist ein wahrer Segen. Bis heute hat nicht nur die Gegend bei Orsigna ihren Nimbus als Geheimtipp bewahrt. Der gesamte Apennin westlich der Autostrada del Sole, die von Florenz nach Bologna führt, bis hin zu den Apuanischen Alpen zwischen Massa am Meer und dem mittelalterlichen Ort Barga ist alles andere als überlaufen. Hier findet man sie noch: eine ursprüngliche Toskana, viel wirklich unberührte Natur und Ortschaften, die zwar keine große Kunst und Architektur bieten, dafür aber untouristisch-echtes Leben, das nicht im Dienst des Tourismus steht.

Genau deshalb ließ sich Terzani gegen Ende seines Lebens in Orsigna nieder. Deshalb kommen, allerdings nur wenige, Wanderer in die Berge zwischen Orsigna und Massa, um die Natur zu erleben, um Ferienhäuser zu mieten, die noch preiswert sind, um die nicht von Menschen geformte Landschaft zu genießen.

Inspirationsquelle Natur

Orsigna liegt inmitten von alten Wäldern. Ausgedehnte Gebiete, die in früheren Jahrhunderten Räuberbanden Zuflucht und Nahrung boten. Kleine Straßen führen durch dichtes Grün und durch malerische Ortschaften, in denen, wenn überhaupt, nur noch wenige Menschen leben. Hier sollte man sich, entweder mit dem eigenen Wagen oder per pedes, treiben lassen. In den Zwergortschaften etwas essen, einen Kaffee trinken und dem vollkommen authentischen Treiben zuschauen. Luxus gibt es hier nicht, dafür aber zünftige Lokale und einfache, doch ordentliche Unterkünfte, vor allem für Wanderer. Eine noch ursprüngliche Toskana, die Tiziano Terzani oft beschrieben hat, vor vielen Jahren. Und die sich seitdem fast gar nicht verändert hat.

INFO

BEGLÜCKENDE BERGTOUR

Tiziano Terzani liebte die Berge bei Orsigna. Hier ging er oft spazieren und wandern. Einer der schönsten Wanderwege ist der Anello dell'Orsigna. Er beginnt in Orsigna, im Ortsteil Lavacchini, gut ausgeschildert als CAI53. Rund 20 Kilometer sind zurückzulegen. Der Schwierigkeitsgrad hält sich in Grenzen, dennoch sollte man sieben Stunden Zeit einplanen. Und gutes Wetter, denn so erweist sich der Blick von den Bergen in rund 1750 Metern Höhe als wirklich umwerfend. Der Höhenunterschied zwischen dem Ausgangspunkt in Orsigna und der Bergspitze ist beträchtlich, fast 1200 Meter. Doch Auf- wie Abstieg lohnen sich. Ganz große Natur wird hier geboten! Auch sollte man schwindelfrei sein, denn auf der emilianischen Seite des Monte Gennaio geht es ganz schön steil in die Tiefe.

WEITERE INFORMATIONEN

orsignavacanze.it

Man sollte beim Besuch von Orsigna und anderen Nachbardörfern keinen urbanen Komfort oder gar Luxus erwarten: Die Toskana ist hier rauer, aber auch freundlicher als anderswo.

↖ Die Berge und die unberührte Natur erinnerten Terzani an ferne Orte in Asien.
↑ Von Orsigna aus starten mehrere Wanderwege. Gute Karten sind unbedingt nötig!

Die Dimensionen von Mensch und Natur lassen sich im Baummeer rund um Orsigna neu überdenken.

REGISTER

BILDNACHWEIS

LOOKPHOTOS: S. 4/5, 129o., 133o., 142o. (Eiben, Hans Georg); 9r. (Pacini, Marianna); 13o.r. (Greune, Jan); 6/7 4.v.l.n.r., 19o., 37, 44, 46 (2), 47o., 63u., 67, 68o., 73o., 91o., 101, 120, 125u. (Richter, Jürgen); 18o., 90u. (Stankiewicz, Thomas); 26 (Maeritz, Kay); 28/29 (Richter, Tobias); 40u., 69o., 128u. (age fotostock); 56u. (Avalon.red2); 57o. (Petrakova, Anastasia); 70 (Johaentges, Karl); 72 (Eisenberger, Harald); 79, 128o. (Saga Photo); 52/53, 82, 127 (Daniel Schoenen Fotografie); 90o. (Martini, Rainer); 13o.l., 88, 121, 129u., 139o. (ClickAlps); 94/95 (Allgöwer, Walter G.); 102o. (Jalag/Spörl, Lukas); 102u., 130, 132u. (Frei, Franz-Marc); 103, 110, 112 (Wohner, Heinz); 105 (Angeles, Cedric); 114/115, 161 (Strauß, Andreas); 122 (Maeritz, Kay); 125o., 132o., 133u., 137, 138 (2), 139u., 144/145 (robertharding); 143u. (Werner, Florian)

Shutterstock: S. 6/7 1.v.l.nr. (MilanoPE); 6/7 2.v.l.n.r. (Massimax); 5.v.l.n.r. (Andrea Izzotti); 8u.l. (ValeroMei); 8u.r. (kuvona); 9o. (Nataliia Pr); 10, 113 (ermess); 14/15, 108 (Claudio Giovanni Colombo); 16 (Stepniak); 18u. (Marco Taliani de Marchio); 19u., 49 (stefano cellai); 22 (Jerome PARIS); 23 (SkandaRamana); 27 (bonchan); 30, 40o., 48, 106 (Alex_Mastro); 35 (Fanfo); 36 (Mau47); 39 (Daniele Novati); 41o. (Feel good studio); 41u. (EmAlvin); 42 (Damiano76); 47u. (Pianta carnivora); 55 (TinoFotografie); 56o., 59, 87u. (StevanZZ); 58, 77 (milosk50); 57u. (Oscity); 60, 62o. (Federico Magonio); 62u. (Alessio Catelli); 63o. (Francesco Lorenzetti); 65 (Andriana Syvanych), 68u. (Micaela Firoellini); 69u. (gorillaimages); 73u. (HE WEIJING); 74/75 (Alberto Masnovo); 76 (Steve Barze); 81 (arkanto); 83 (Cantador); 85 (Elflaco1983); 86 (2) (luminance studio); 87o., 104, 107, 111 (robertonencini); 91u. (Luca Palonca); 92 (Luciano Mortula); 93 (Alex Stock Archive); 96 (DiegoMariottini); 98 (Alvaro German Vilela); 99 (leoks); 109 (Filip Fuxa); 116 (Fabio Lamanna); 118 (Soloviova Liudmyla); 134/135 (Lapping Pictures); 140 (radar60); 142u. (Andrea Bonfanti); 143o. (Gimas); 144 (Travelvolo); 148 (Lorenzo Tolomelli); 149 (Brent Hofacker); 152 (Massimo Santi); 158 (MyVideoimage.com); 159 (Solarita); 160 (Mauro Pezzotta); 162/163 (kawhia)

Mauritius images: 147 (Westend61 / Fotofeeling); 153 (Andrew Hasson)

Wikimedia Commons: S. 20, 78 (Sailko); 43, 64 (Mongolo 1984); 151 (LigaDue)

Andere Quellen: S. 6/7 3.v.l.n.r., 150 (Grotta del Vento); 9l. (Tanja Clauss); 12 (Il Treno di Dante); 21 (Beatrice Andreoni and Isabella Pratesi/Villa Rucellai); 24 (Pietro Savorelli e associat/Archea associati, Marco Casamonti); 25 (Thomas Migge); 31 (Vitale, Peter/Four Seasons Florence); 32 (Archiv Villa Romana); 33 (Luigi Ferrari/Comune di Firenze); 34 (Museo Ferragamo); 50 (Il Treno di Dante); 51 (Museo di Bosco ai Frati); 80 (Virgo AerialView); 97 (Fontanelle Estate); 103 (Villa Palagione); 117 (La Foce); 119 (Tulumnes); 124 (Il Bosco di alici); 154, 156 (2), 157u. (Massimiliano Nocchi/Silvia Nicolai: Le ville die Ronchi e Poverina architetture e società 1900-1970, Pagine Editore, 2020); 157o. (AlexDigitale)

Der Autor:

Thomas Migge, Politologe und Historiker. Er arbeitet seit Jahren für den öffentlichen Rundfunk in Deutschland, Österreich und der Schweiz. Der Autor zahlreicher Bildbände lebt seit mehr als fünfzehn Jahren als Auslandskorrespondent in Rom.

IMPRESSUM

Verantwortlich: Carola Holzer
Lektorat: Britta Mentzel
Layout: Tanja Clauss, Octaviz Studios
Korrektorat: Christine Miller
Repro: LUDWIG:media
Herstellung: Bettina Schippel
Printed in Poland by CGS Printing

★★★★★

Sind Sie mit diesem Titel zufrieden? Dann würden wir uns über Ihre Weiterempfehlung freuen.
Erzählen Sie es im Freundeskreis, berichten Sie Ihrem Buchhändler, oder bewerten Sie bei Onlinekauf. Und wenn Sie Kritik, Korrekturen, Aktualisierungen haben, freuen wir uns über Ihre Nachricht an Bruckmann Verlag, Postfach 40 02 09, D-80702 München oder per E-Mail an lektorat@verlagshaus.de.

Unser komplettes Programm finden Sie unter

www.bruckmann.de

Textnachweis:
Alle Texte von Thomas Migge.

Umschlag
Vorderseite: Etruskische Altstadt von Sovana (Shutterstock: ermess)
Rückseite: oben v.l.n.r.: Bucht auf der Insel Isola di Pianosa (Lookphotos: Martini, Rainer); Wandverzierung des Ceppo Krankenhauses in Pistoia (Shutterstock: RiccardoBoccardi); Oldtimer bei einem Autorennen in Radicofani (Lookphotos: Alex Tino); unten: Allee im Maremma Regional Park (Lookphotos: Feiner, Denis)

Die Deutsche Nationalbibliothek verzeichnet diese Publikation in der Deutschen Nationalbibliografie; detaillierte bibliografische Daten sind im Internet über http://dnb.d-nb.de abrufbar.
1. Auflage 2023

Infanteriestraße 11 a
80797 München
ISBN: 978-3-7343-2760-5